Bro a Bywyd

Syr Thomas Parry

Golygydd/Branwen Jarvis

Cyngor Celfyddydau Cymru 1987

Rhagair

' 'Rŷn ni'n *gweld* ein gilydd, on'd ŷn ni?', fel y byddan nhw'n ei ddweud. A gweld Thomas Parry a wneuthum i, wrth i mi baratoi'r llyfr hwn. Gŵr pell yw prifathro coleg i'w fyfyrwyr, er pob ymdrech a wneir i newid hynny. Gŵr pell, ar lawer ystyr, oedd y Prifathro i ni fyfyrwyr canol a diwedd y chwedegau yn Aberystwyth. Diau bod a wnelo cythrwfl a chroesdynnu gwleidyddol y cyfnod beth â hynny. Ond i ni fyfyrwyr y Gymraeg, yr oedd pethau eraill a wnâi i ni deimlo, rywsut, fod y pellter a oedd rhyngom yn fawr. Yr oedd Thomas Parry eisoes wedi cyrraedd ei uchelfannau fel ysgolhaig. Yr oedd *Gwaith Dafydd ap Gwilym* a *Hanes Llenyddiaeth Gymraeg* yno i ni i'w hastudio'n fanwl, yn fynyddoedd mawr safadwy yn ein golwg. Yr oedd ein Prifathro yn dywysog ym myd ysgolheictod Cymraeg yn ogystal ag ym mywyd cyhoeddus Cymru, ac ni allem lai na theimlo rhyw wyleidd-dra a pharchedig ofn yn wyneb hynny.

Eithr wrth holi rhai a fu'n fyfyrwyr iddo yn ystod ei gyfnod yn Athro'r Gymraeg ym Mangor, darganfûm fod y darlun beth yn wahanol. Daethent hwy i gysylltiad personol bywiol ag ef, ac o'r herwydd, yr oedd cynhesrwydd mawr yn gymysg â'r edmygedd a'r parch. Gwelsent urddas ac unplygrwydd y dyn, do: gwyddent hefyd am ei ymlyniad diwyro wrth y safonau academaidd uchaf posibl. Ond gwyddent hwy yn ogystal am ei garedigrwydd deallgar, a diffwdan, pan oedd galw am hynny. Gellir ymdeimlo â'u cariad tuag ato, yn ogystal â'u parch, yn y llun o'r cyfarfod ffarwelio ag ef, yn 1953, a welir yn y casgliad hwn.

Y mae Thomas Parry arall eto, a adnabu ei deulu a'i gyfeillion agos. Cawsant hwy wybod am y direidi llawen a'i nodweddai. Yr oedd yr elfen hon ynddo yn ifanc; a hyfrydwch i mi oedd sylweddoli na ddiflannodd hi byth o'i gyfansoddiad. Y mae rhai o'r eitemau a geir yma yn tystio'n groyw i'r dynolrwydd llawen a lechai y tu ôl i'r urddas cyhoeddus, ar hyd y blynyddoedd.

Ysgolhaig yn bennaf oedd Thomas Parry, nid llenor creadigol. Gan hynny, y mae natur y dyn ei hun yn guddiedig i raddau rhag ei ddarllenwyr. Gobeithio y bydd y casgliad hwn, felly, yn foddion i ddyfnhau adnabyddiaeth ohono fel dyn, yn ogystal ag fel ysgolhaig a gŵr cyhoeddus.

Branwen Jarvis

1. Tylwyth nodedig y Gwyndy, Carmel. Lluniwyd y cart achau hwn gan Thomas Parry ei hun. Gwelir i Thomas Parry (Williams) y taid, briodi deirgwaith. Ei wraig gyntaf oedd Cathrin Jones, 1816-48, a ddaeth yn fam i Robert Thomas Parry, tad Robert Williams Parry. Ei ail wraig oedd Mary Jones, 1822-66, mam Henry Parry Williams, a ddaeth yn dad i Thomas Herbert Parry-Williams. Y drydedd wraig oedd Mary Roberts, 1844-1917, mam Richard Edwin Parry, a ddaeth yn dad i Thomas Parry. Gwelir nad oes unffurfiaeth yn y defnydd a wnaeth y teulu o'r cyfenwau Williams, Parry, a Thomas.

1

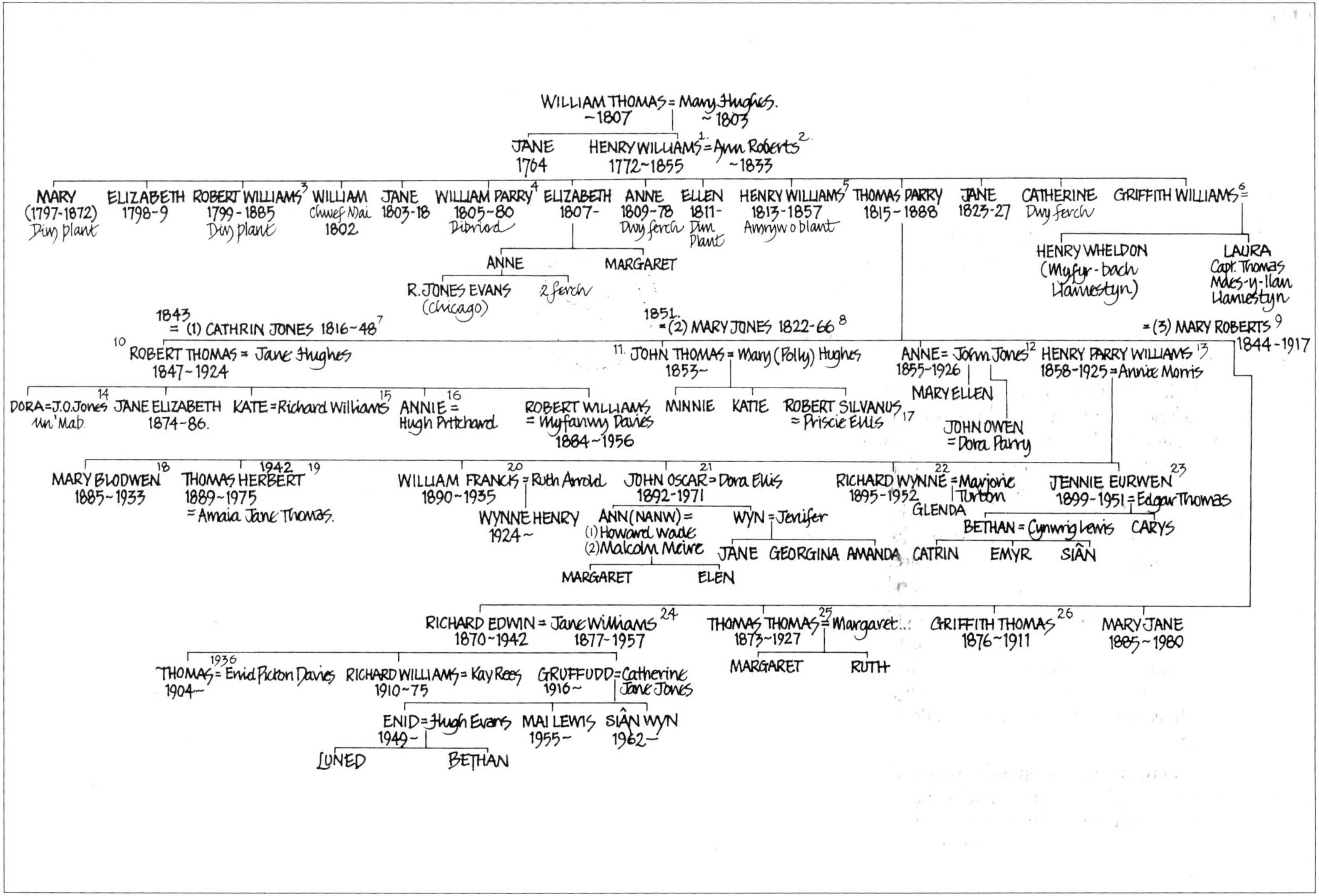
WILLIAM THOMAS = Mary Hughes.
~1807
~1803
JANE
1764
HENRY WILLIAMS[1] = Ann Roberts[2]
1772~1855
~1833
MARY
(1797-1872)
Dim plant
ELIZABETH
1798-9
ROBERT WILLIAMS[3]
1799-1885
Dim plant
WILLIAM
Chwef Mai
1802
JANE
1803-18
WILLIAM PARRY[4]
1805~80
Dibriod
ELIZABETH
1807-
ANNE
1809-78
Dwy ferch
ELLEN
1811-
Dim Plant
HENRY WILLIAMS[5]
1813-1857
Amryw o blant
THOMAS PARRY
1815-1888
JANE
1823-27
CATHERINE
Dwy ferch
GRIFFITH WILLIAMS[6] =
ANNE
MARGARET
R. JONES EVANS
(Chicago)
2 ferch
HENRY WHELDON
(Myfyr-bach
Llanwstyn)
LAURA
Capt. Thomas
Maes-y-llan
Llanwstyn
1843
= (1) CATHRIN JONES 1816~48[7]
1851
= (2) MARY JONES 1822-66[8]
= (3) MARY ROBERTS[9]
1844-1917
[10] ROBERT THOMAS = Jane Hughes
1847~1924
[11] JOHN THOMAS = Mary (Polly) Hughes
1853~
ANNE = John Jones[12]
1855-1926
HENRY PARRY WILLIAMS[13]
1858-1925 = Annie Morris
DORA = J.O.Jones[14]
Un' Mab
JANE ELIZABETH
1874~86.
KATE = Richard Williams[15]
ANNIE = [16]
Hugh Pritchard
ROBERT WILLIAMS
= Myfanwy Davies
1884~1956
MINNIE
KATIE
ROBERT SILVANUS[17]
= Priscie Ellis
MARY ELLEN
JOHN OWEN
= Dora Parry
MARY BLODWEN[18]
1885~1933
THOMAS HERBERT[19]
1942
1889~1975
= Amaia Jane Thomas.
WILLIAM FRANCIS[20] = Ruth Arnold
1890~1935
WYNNE HENRY
1924~
JOHN OSCAR[21] = Dora Ellis
1892-1971
ANN (NANW) =
(1) Howard Wade
(2) Malcolm Meire
WYN = Jenifer
MARGARET
ELEN
JANE
GEORGINA
AMANDA
RICHARD WYNNE[22] = Marjorie Turton
1895-1952
GLENDA
CATRIN
EMYR
SIÂN
JENNIE EURWEN[23]
1899-1951 = Edgar Thomas
BETHAN = Cynwrig Lewis
CARYS
RICHARD EDWIN = Jane Williams[24]
1870~1942
1877~1957
THOMAS THOMAS[25] = Margaret...
1873~1927
MARGARET
RUTH
GRIFFITH THOMAS[26]
1876~1911
MARY JANE
1885~1980
THOMAS = Enid Picton Davies
1936
1904~
RICHARD WILLIAMS = Kay Rees
1910~75
GRUFFUDD = Catherine Jane Jones
1916~
ENID = Hugh Evans
1949~
MAI LEWIS
1955~
SIÂN WYN
1962~
LUNED
BETHAN

2

3

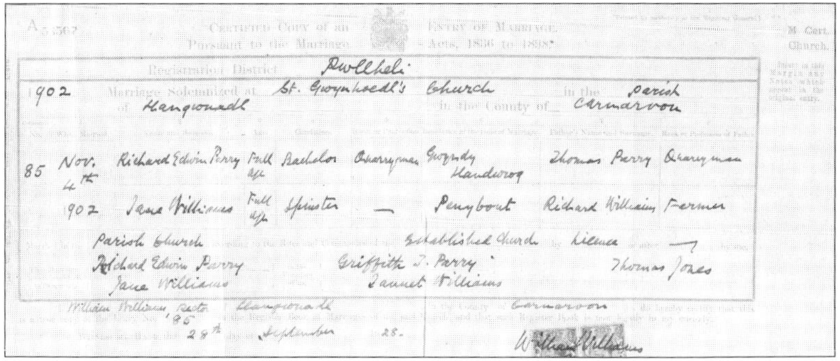

Certified Copy of an Entry of Marriage. Pursuant to the Marriage Acts, 1836 to 1898.

Registration District Pwllheli

1902 Marriage Solemnized at St. Gwynhoedl's Church in the Parish of Llangwnadl in the County of Carnarvon

85	Nov. 4th 1902	Richard Edwin Parry	Full age	Bachelor	Quarryman	Gwyndy Llanllwrog	Thomas Parry	Quarryman
		Jane Williams	Full age	Spinster	—	Penybont	Richard Williams	Farmer

Parish Church ... Established Church ... Licence

Richard Edwin Parry, Jane Williams — Griffith J. Parry, Jannet Williams — Thomas Jones

William Williams, Rector, Llangwnadl ... Carnarvon ... 85 ... 28th September ... 28.

William Williams

2. Llun priodas rhieni Thomas, Richard Edwin Parry a Jane Williams.

'Fe aned fy nhad gan mlynedd i'r llynedd. Aeth i'r môr yn llanc; fe fu ddwywaith rownd yr Horn hyd San Francisco mewn llongau hwyliau. Yna fe setlodd i lawr gartre a mynd i weithio i'r chwarel, neu i'r "glofa," fel y byddai'r hen bobl yn dweud. Wrth gerdded adref o Gaernarfon un nos Sadwrn yn yr haf fe welodd eneth o Lŷn oedd wedi dod i weini i Dal-y-sarn. Canlyniad y cyfarfyddiad hwnnw ydwyf fi a'm dau frawd.'

Y Llwybrau Gynt

3. Copi o dystysgrif priodas rhieni Thomas. Bu'r gwasanaeth yn Eglwys S. Gwynhoedl, Llangwnnadl, Llŷn, 4 Tachwedd 1902.

4. Tad Thomas, Richard Edwin Parry, yn ŵr ifanc.

5. Mam Thomas, Jane Williams, yn ferch ifanc.

4

5

6. Brynawel. 'Ganwyd fi ym Mrynawel, tŷ a gododd fy nhad iddo'i hun ar ôl iddo briodi yn 1902. . . tŷ o bedair ystafell i lawr a phedair i fyny, a'r gost yn £160.'

6

7

8

7. Darlun o ganol pentref Carmel ar gerdyn post, a ddefnyddiwyd fel cerdyn Nadolig. 'Yr oedd, ac y mae, ym mhentref Carmel ryw bum rhes fer o dai, a rhai tai unigol. Y mae gan y Methodistiaid Calfinaidd a'r Annibynwyr (neu'r Sentars fel y byddai'r hen bobl yn eu galw) a'r Bedyddwyr achos yn y lle. Nid oes yno na thafarn na phlisman; i lawr yn y Groeslon y mae'r sefydliadau hynny, lle mae mwy o alw amdanynt!' Pisgah, capel yr Annibynwyr, a welir yn y llun. Mae capel y Bedyddwyr bellach wedi cau.

Tŷ a Thyddyn

8. Golwg ar Fenai a Môn o Garmel, ar hen gerdyn post. 'Dim ond i ddyn . . . edrych draw tua mynyddoedd yr Eifl a'r môr a Sir Fôn, ni fuasai'n dychmygu fod dim diwydiant yn agos i'r ardal.'

Tŷ a Thyddyn

9

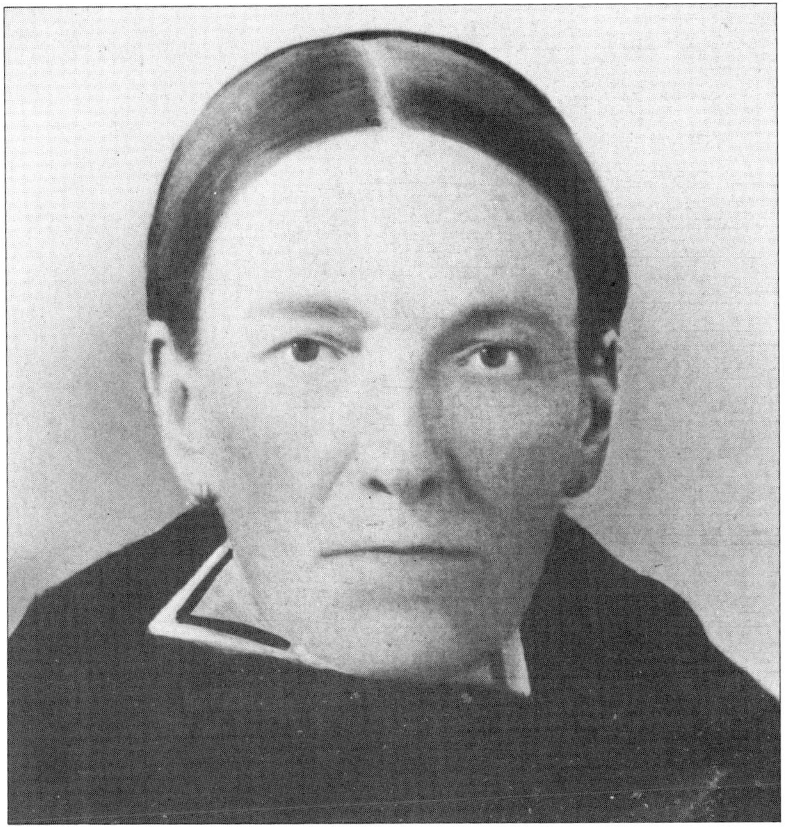

9. Llun portread cynnar o nain Thomas, Mary Roberts.

10

10. Richard a Jane Parry yn 1907, ym mlynyddoedd cynnar eu priodas.

11

11. Yn blentyn tua'r pump oed.

12. Thomas rai blynyddoedd yn hŷn.

13. Ysgol Penfforddelen, ar ddechrau'r ganrif. Yma y bu Thomas Parry a John Gwilym Jones yn gyd-ddisgyblion.

14. Tudalen o lyfr lóg Ysgol Penfforddelen. Rhif Thomas oedd 965.

12

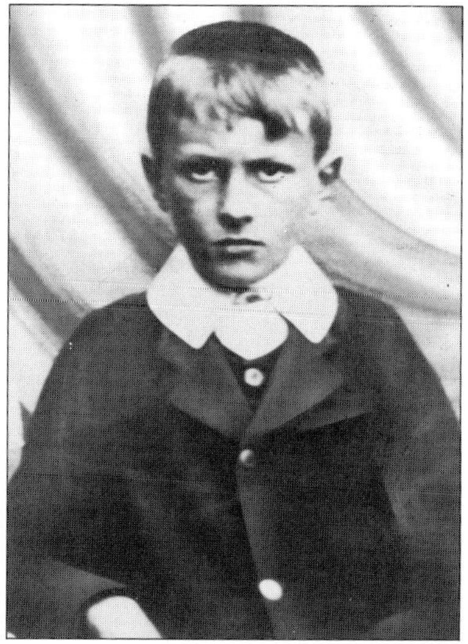

13

14

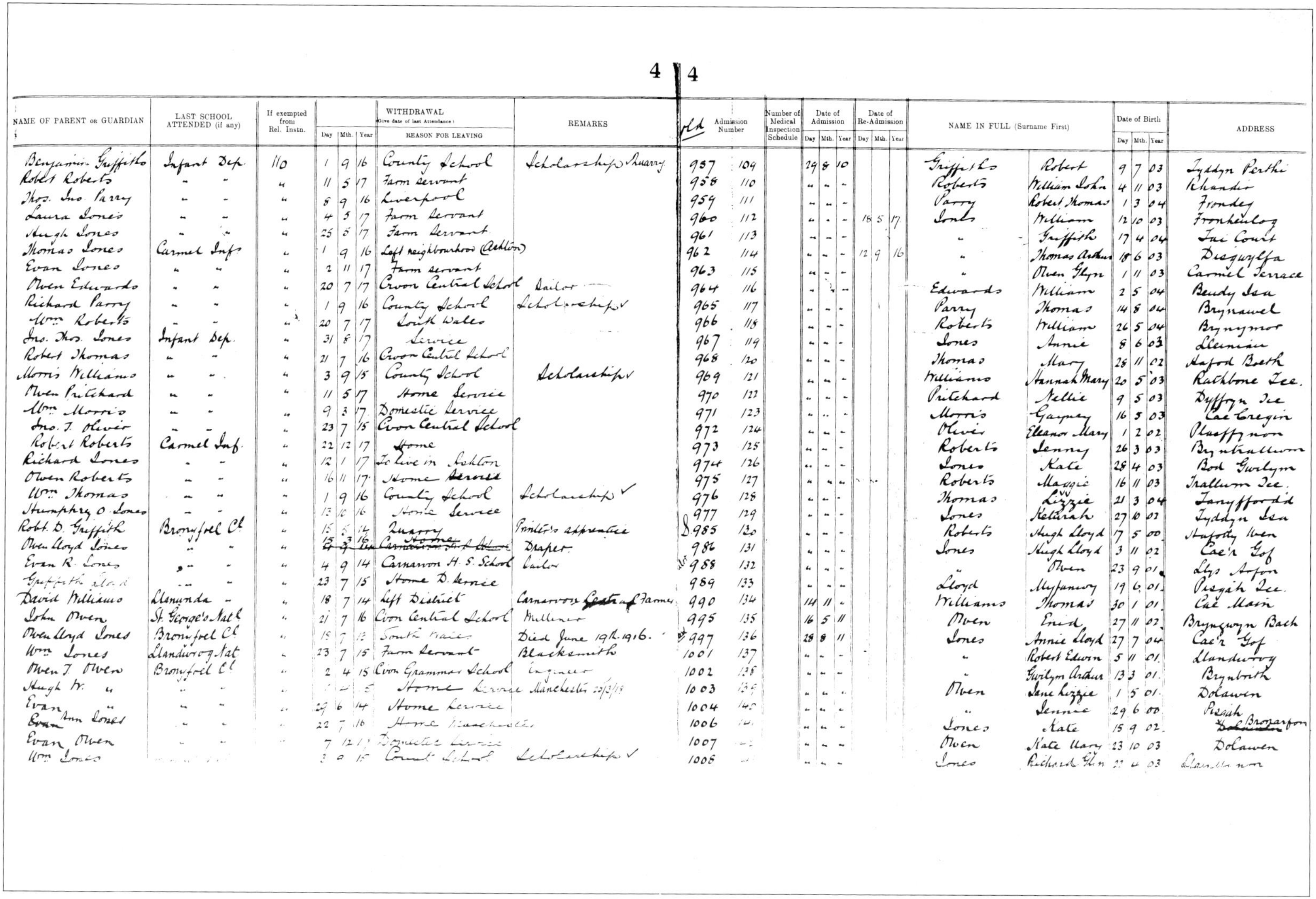

4 | 4

NAME OF PARENT OR GUARDIAN	LAST SCHOOL ATTENDED (if any)	If exempted from Rel. Instn.	WITHDRAWAL (Give date of last Attendance) Day	Mth.	Year	REASON FOR LEAVING	REMARKS	old	Admission Number	Number of Medical Inspection Schedule	Date of Admission Day	Mth.	Year	Date of Re-Admission Day	Mth.	Year	NAME IN FULL (Surname First)		Date of Birth Day	Mth.	Year	ADDRESS
Benjamin Griffiths	Infant Dep.	110	1	9	16	County School	Scholarship Quarry	957	104		29	8	10				Griffiths	Robert	9	7	03	Tyddyn Perthi
Robert Roberts	" "	"	11	5	17	Farm servant		958	110		"	"	"				Roberts	William John	4	11	03	Rhandir
Thos. Jno. Parry	" "	"	8	9	16	Liverpool		959	111		"	"	"				Parry	Robert Thomas	1	3	04	Frondeg
Laura Jones	" "	"	4	5	17	Farm Servant		960	112		"	"	"	18	5	17	Jones	William	12	10	03	Fronheulog
Hugh Jones	" "	"	25	5	17	Farm Servant		961	113		"	"	"				"	Griffith	17	4	04	Tai Cont
Thomas Jones	Carmel Inf.	"	1	9	16	Left neighbourhood (Ashton)		962	114		"	"	"	12	9	16	"	Thomas Arthur	18	6	03	Disgwylfa
Evan Jones	" "	"	2	11	17	Farm servant		963	115		"	"	"				"	Owen Glyn	1	11	03	Carmel Terrace
Owen Edwards	" "	"	20	7	17	Crwn Central School	Sailor	964	116		"	"	"				Edwards	William	2	5	04	Bendy Isa
Richard Parry	" "	"	1	9	16	County School	Scholarship ✓	965	117		"	"	"				Parry	Thomas	14	8	04	Brynawel
Wm. Roberts	" "	"	20	7	17	South Wales		966	118		"	"	"				Roberts	William	26	5	04	Brynymor
Jno. Thos. Jones	Infant Dep.	"	31	8	17	Service		967	119		"	"	"				Jones	Annie	8	6	03	Lleiniau
Robert Thomas	" "	"	21	7	16	Crwn Central School		968	120		"	"	"				Thomas	Mary	28	11	02	Hafod Boeth
Morris Williams	" "	"	3	9	15	County School	Scholarship ✓	969	121		"	"	"				Williams	Hannah Mary	20	5	03	Rathbone Tce.
Owen Pritchard	" "	"	11	5	17	Home Service		970	122		"	"	"				Pritchard	Nellie	9	5	03	Dyffryn Tce
Wm. Morris	" "	"	9	3	17	Domestic Service		971	123		"	"	"				Morris	Gayney	16	5	03	Cae Cregin
Jno. J. Olivier	" "	"	23	7	15	Crwn Central School		972	124		"	"	"				Olivier	Eleanor Mary	1	2	02	Plasffynnon
Robert Roberts	Carmel Inf.	"	22	12	17	Home		973	125		"	"	"				Roberts	Jenny	26	3	03	Bryntrallwm
Richard Jones	" "	"	12	1	17	To live in Ashton		974	126		"	"	"				Jones	Kate	28	4	03	Bod Gwilym
Owen Roberts	" "	"	16	11	17	Home Service		975	127		"	"	"				Roberts	Maggie	16	11	03	Trallwm Tce.
Wm. Thomas	" "	"	1	9	16	County School	Scholarship ✓	976	128		"	"	"				Thomas	Lizzie	21	3	04	Tanyffordd
Humphrey O. Jones	" "	"	13	10	16	Home Service		977	129		"	"	"				Jones	Keturah	27	10	02	Tyddyn Isa
Robt. D. Griffith	Bronyfoel Cl.	"	15	5	14	Quarry	Printer's apprentice	985	130		"	"	"				Roberts	Hugh Lloyd	17	5	00	Hafoty Wen
Owen Lloyd Jones	" "	"	~~15~~	~~3~~	~~16~~	~~Carnarvon … Home~~	Draper	986	131		"	"	"				Jones	Hugh Lloyd	3	11	02	Cae'r Gof
Evan R. Jones	" "	"	4	9	14	Carnarvon H. S. School	Tailor	988	132		"	"	"				"	Owen	23	9	01	Llys Arfon
Griffith Lloyd	" "	"	23	7	15	Home D. Service		989	133		"	"	"				Lloyd	Myfanwy	19	6	01	Pisgah Tce.
David Williams	Llanwnda	"	18	7	14	Left District	Carnarvon ~~Central~~ Farmer	990	134		14	11	"				Williams	Thomas	30	1	01	Cae Main
John Owen	St. George's Natl.	"	21	7	16	Crwn Central School	Milliner	995	135		16	5	11				Owen	Enid	27	11	02	Bryngwyn Bach
Owen Lloyd Jones	Bronyfoel Cl.	"	18	7	13	South Wales	Died June 19th 1916.	997	136		28	8	11				Jones	Annie Lloyd	27	7	04	Cae'r Gof
Wm. Jones	Llandwrog Nat.	"	23	7	15	Farm Servant	Blacksmith	1001	137		"	"	"				"	Robert Edwin	5	11	01	Llandwrog
Owen J. Owen	Bronyfoel Cl.	"	2	4	15	Crwn Grammar School	Engineer	1002	138		"	"	"				"	Gwilym Arthur	13	3	01	Brynbrith
Hugh W. "	" "	"	[illegible]	[illegible]	[illegible]	Home Service	Manchester 23/3/18	1003	139		"	"	"				Owen	Jane Lizzie	1	5	01	Dolawen
Evan "	" "	"	29	6	14	Home Service		1004	140		"	"	"				"	Jennie	29	6	00	Pisgah
~~Evan~~ Ann Jones	" "	"	22	7	16	Home Manchester		1006	141		"	"	"				Jones	Kate	15	9	02	~~Dolawen~~ Bronarfon
Evan Owen	" "	"	7	12	17	Domestic Service		1007	[illegible]		"	"	"				Owen	Kate Mary	23	10	03	Dolawen
Wm. Jones			3	9	15	County School	Scholarship ✓	1008	[illegible]		"	"	"				Jones	Richard Glyn	22	4	03	[illegible]

15

15. Ysgol Penfforddelen fel y mae hi heddiw, wedi ei throi yn dai annedd gan Gymdeithas Tai Gwynedd.

16. Tystysgrif Ysgol, yn nodi i Griffith Parry, brawd ieuengaf Richard, ac ewythr Thomas, gael ei arholi gan un o Arolygwyr ei Mawrhydi yn 1888. Llun Tywysog a Thywysoges Cymru, a phlas Sandringham, sydd ar y tystysgrif.

17. Ei nain o ochr ei dad, sef Mary Parry, y Gwyndy, Carmel.

17

16

18

19

18. Y Gwyndy. 'Yn 1917 aethom i fyw i'r Gwyndy, hen gartref fy nhad, tyddyn o dair acer a hanner, digon i gadw dwy fuwch a dau fochyn a hanner dwsin o ieir.'

19. Mary Jane, ei fodryb, chwaer ei dad. Bu hi farw yn 1980.

20

20. Y pentref, a'r bws yn cyrraedd pen draw'r stryd. 'Y cyntaf i redeg bws i'r dre oedd R.J. Williams, Ael-y-bryn, gan ddilyn llwybr y lein bach trwy'r Bryngwyn a Rhostryfan, yn hytrach na mynd i lawr i'r Groeslon, a bws go gyntefig oedd hwnnw; ffrâm lorri oedd ei sylfaen, a rhyw saer lleol wedi llunio math o focs helaeth ar honno, a seti bob ochr. Fe roes y bws hwnnw ac eraill tebyg iddo wasanaeth gwiw i ardal Carmel am flynyddoedd.'

Tŷ a Thyddyn

21. Y ffordd yn codi i bentref Carmel. Yn y llun, gwelir y waliau cerrig a godwyd i gau tir y mynydd. 'Gyda datblygiad y chwareli y daeth y tyddynnod i fod. Cyn hynny mynydd gwag a digon diffaith oedd yr ardal i gyd. Peth rhyfedd iawn i mi yw fod dynion wedi byw ar y llechweddau hyn amser maith iawn yn ôl, fel y mae'r olion a elwir yn "gytiau Gwyddelod" yn profi, ac yna fod bwlch o anghyfanedd-dra wedi bod am rai cannoedd o flynyddoedd, nes dod y chwareli a'r tyddynwyr yn niwedd y ddeunawfed ganrif.'

Tŷ a Thyddyn

21

22

22. Nain Thomas, mam ei fam, sef Ann Williams, Pen-bont, Llangwnnadl.

'Yn y blynyddoedd hynny mi fyddwn yn mynd i Lŷn am wythnosau o wyliau at fy nain, ac o holl neiniau'r ddacar, gan gynnwys nain John Gwilym Jones, hon oedd yr orau un – hen wraig dal, osgeiddig, a'i gwallt yn hollol wyn, heb ddant yn ei phen, ac un llygad yn las a'r llall yn frown tywyll – un demprus, addfwyn, a di-ben-draw o garedig.'

Y Llwybrau Gynt

24

23

23. Âi Thomas i Lŷn yn bur aml i ymweld â theulu ei fam yn Llangwnnadl. Anfonwyd y cerdyn post hwn, ac arno lun o Aberdaron, adref i Garmel at ei nain a'i fodryb Mary.

24. Y tu mewn i Eglwys Llangwnnadl, lle y priododd rhieni Thomas.

'I mi yn llanc yr oedd naws byd arall ar blwy Llangwnnadl. 'Roedd yno gymeriadau cofiadwy, fel Wil Llainfatw, pysgotwr a pheilot, a Sionyn Taicryddion, a fyddai bob amser yn sôn am ei wraig fel "yr hen asen acw," gan gyfeirio wrth gwrs at y modd y cafodd Efa ei chreu, yn ôl llyfr Genesis.

Yr oedd mynd o Bwllheli i Langwnnadl ynddo'i hun yn anturiaeth ogleisiol, efo coets fawr Tirgwenith, a phedwar ceffyl yn ei thynnu. Wedyn ar y Sul mynd i'r eglwys yn lle i'r capel; cario dŵr o'r ffynnon efo iau; troi rhaff wellt; dal sili-dons yn yr afon – afon ddi-enw, gyda llaw – a'u cadw mewn pot jam; pysgota gwrachod ar y creigiau; hel llymriaid yn Nhraeth Penllech tua thri o'r gloch y bore; ac yn fwy na dim, gweld y llongau yn dod i Borth Golmon gyda llwythi o lo neu flawdiau neu lwch esgyrn.'

Y Llwybrau Gynt

25

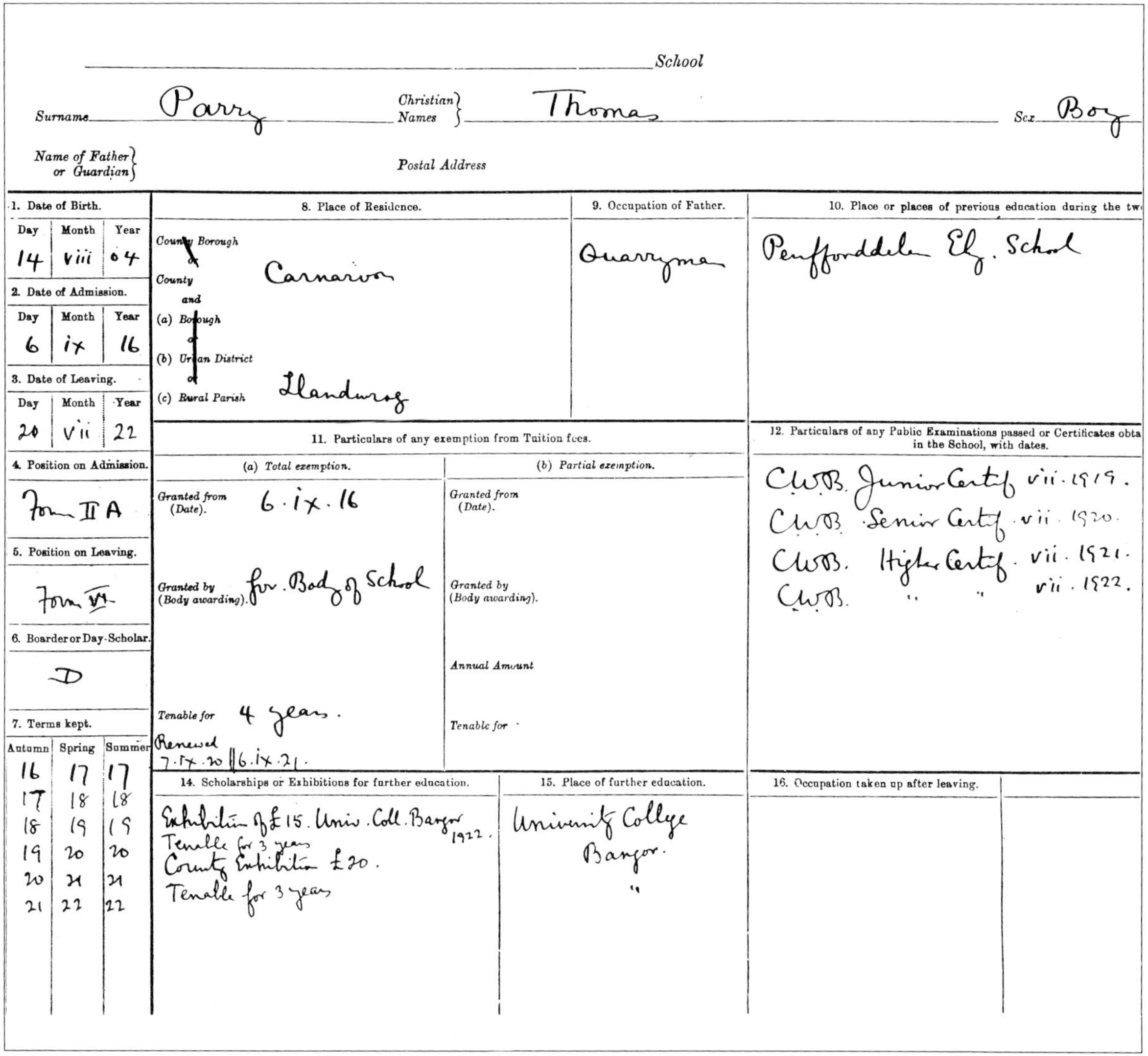

School

Surname: Parry — Christian Names: Thomas — Sex: Boy

Name of Father or Guardian — Postal Address

1. Date of Birth. Day 14, Month viii, Year 04

2. Date of Admission. Day 6, Month ix, Year 16

3. Date of Leaving. Day 20, Month vii, Year 22

4. Position on Admission. Form II A

5. Position on Leaving. Form VI

6. Boarder or Day-Scholar. D

7. Terms kept.

Autumn	Spring	Summer
16	17	17
17	18	18
18	19	19
19	20	20
20	21	21
21	22	22

8. Place of Residence. County Borough or County and (a) Borough or (b) Urban District or (c) Rural Parish: Carnarvon; Llandwrog

9. Occupation of Father. Quarryman

10. Place or places of previous education during the tw[o years]: Penfforddelen El. School

11. Particulars of any exemption from Tuition fees.
(a) Total exemption. Granted from (Date). 6. ix. 16. Granted by (Body awarding). Gov. Body of School. Tenable for 4 years. Renewed 7. ix. 20 / 6. ix. 21.
(b) Partial exemption. Granted from (Date). Granted by (Body awarding). Annual Amount. Tenable for

12. Particulars of any Public Examinations passed or Certificates obta[ined] in the School, with dates.
C.W.B. Junior Certif. vii. 1919.
C.W.B. Senior Certif. vii. 1920.
C.W.B. Higher Certif. vii. 1921.
C.W.B. " " vii. 1922.

14. Scholarships or Exhibitions for further education. Exhibition of £15. Univ. Coll. Bangor 1922. Tenable for 3 years. County Exhibition £20. Tenable for 3 years

15. Place of further education. University College Bangor. "

16. Occupation taken up after leaving.

25. Tudalen o lyfr lóg Ysgol Sir Pen-y-groes, yn rhoi braslun swyddogol o yrfa ysgol Thomas. Bu'n ddisgybl yno o fis Medi 1916 hyd fis Gorffennaf 1922. Yn y flwyddyn honno enillodd ysgoloriaeth werth £15 y flwyddyn gan Goleg Bangor, ynghyd ag Ysgoloriaeth Sirol werth £20, i'w alluogi i barhau â'i gwrs addysg.

'Ni ddigwyddodd dim i mi ar y ffordd i Ddamascus. Rhyw fynd "fel deilen ar yr afon" (chwedl yr unawd eisteddfodol enwog honno) a wnes i yn fy mlynyddoedd cynnar. Yr oedd ansawdd academig yr addysg a gyfrennid yn yr ysgol ramadeg y fath fel na allai plentyn wneud ond un o ddau beth – gadael yr ysgol tua'r pedwerydd dosbarth a mynd i weithio yn y chwarel neu mewn siop yng Nghaernarfon, neu ynteu aros yno am ddwy neu dair blynedd arall a mynd i goleg. A mynd i goleg a ddigwyddodd i mi.'

Mewn sgwrs â J.E. Caerwyn Williams, *Ysgrifau Beirniadol* IX

26

27

26. Ysgol Sir Pen-y-groes, fel yr oedd hi pan oedd Thomas yn ddigybl yno.

'Ond beth bynnag oedd y sgolarship yr oedd yna rai yn ei goroesi hi ac yn ei phasio. Yr oedden nhw yn cael eu llongyfarch a'u clodfori yn y capel nos Sul ac yn mynd i'r Cownti yn gyfangwbwl wedyn. Yr oedd yno rai eraill hefyd – "rhai heb fod coffa amdanynt", oedd yn dal i ddod i'r ysgol, i nôl glo ac i balu'r ardd a dringo i ben y tô a rhoi dau flewyn yn groes ar gledr eu llaw cyn cael cansen er mwyn gwneud yn siŵr eu bod nhw'n torri'r ffon. Ac yn cicio tunia ar y ffordd adre gyda'r nos. 'Roedd hi'n haws iddyn nhw gicio tunia am eu bod nhw yn gwisgo trywsus melfared a sgidia hoelion mawr'.

Gruffudd Parry, *Blwyddyn Bentre*

27. Athrawon yr Ysgol Sir yn 1925. Yn eistedd ar law chwith y prifathro, D.R.O. Prytherch, y mae P.K. Owen, yr athrawes Gymraeg a fu'n gymaint dylanwad ar Thomas. Yn y llun hefyd y mae Alexander Parry, yr athro Lladin.

28. Carmel, capel y Methodistiaid Calfinaidd, a roddodd ei enw i'r pentref. Yma yr addolai'r teulu. Codwyd yr adeilad presennol yn 1870-1, ar gost o £1,520. Yn 1878, ychwanegwyd ysgoldy, ond cafwyd ysgoldy newydd yn 1910 ar draul o £706 : 15s. Yn 1899 gwariwyd £552 ar dŷ i'r gweinidog. Ni chliriwyd y ddyled yn llwyr tan 1945. 'Y mae gen i gof plentyn am godi festri newydd, ac y mae 1910 mewn ffigurau breision ar ei hwyneb. Dynion yn gweithio am gyflog bach, ar brydiau allan o waith a heb fawr ddim i'w cynnal . . . oedd yn ymgymryd â'r gorchwylion costus hyn. . . Rhuddin y gwŷr annibynnol hyn oedd yng nghyfansoddiad fy nhad a'm mam a'u cymdogion yng Ngharmel yn nyddiau fy mhlentyndod a'm hieuenctid.' *Tŷ a Thyddyn*

29. Llun o'r Gwyndy a dynnwyd o'r awyr. Gwelir yn eglur y math o lwybr troed rhwng muriau cerrig a ddisgrifiwyd gan O.M. Edwards: 'dwy wal gyfochrog yn arwain at gapel ar fin y mynydd. . . gwelais fod llwybr cul rhyngddynt. Ni all ond y saint teneuon fynd ar hyd-ddo; rhaid i'r rhai graenus gymryd cylch'.

'O Ddinas Dinlle i ben Carmel', *Yn y Wlad*

30. Y Gwyndy, a Brynawel led cae y tu ôl iddo, ar ddiwrnod oer. Pwysleisiwyd caledi'r tywydd yn englyn adnabyddus (ond anarbennig) Eben Fardd i Garmel:

Nid gormod dod i Garmel – er oered
Yr eira a'r awel;
A thyngwn daethai angel
Yna i gael anhygoel fêl.

28

29

30

31

32

31. Cwt y ci, yn y Gwyndy. Yma y bu T.H. Parry-Williams, yn fachgen, ar berwyl drygionus:

'Tra oedd fy mrawd yn mynd ar goll yn y ddraenen, yr oeddwn innau ar ddrwg arall. Cwt y ci oedd wedi denu fy sylw drygionus i. Ac yr oedd yn werth ei archwilio. Ni bu un tebyg iddo yng Nghymru erioed. . . Ymwthiais i mewn rywsut i archwilio, a llwyddais i fynd o'r golwg bron. Cefais ddigon yn lled fuan ar bopeth oedd oddi mewn yno, a symudais, fel y tybiwn i, i fynd allan. Ond ni allwn "yswigiad" (fel y byddem ni fechgyn yn dweud); yr oeddwn wedi fy mocsio'n dynn hollol yn y cwt, heb allu symud yn ôl nac ymlaen, i fyny nac i lawr, na dim ond gwingo'n grynedig. Prin y gallwn weiddi. Yr oeddwn innau, fel fy mrawd, mewn carchar.

. . . Y mae'r llwyn drain a'r cwt ci yno yn y Gwyndy o hyd, 'rwy'n coelio.'

'Y Gwyndy', *O'r Pedwar Gwynt*

32. Aelwyd y Gwyndy. Y 'range' ddu yn y gegin fyw, fel yr oedd hi ac fel y deil heddiw.

33

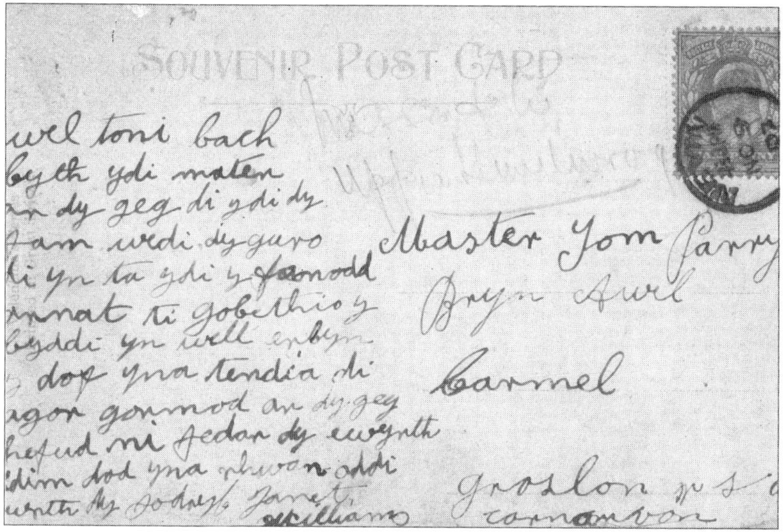

34

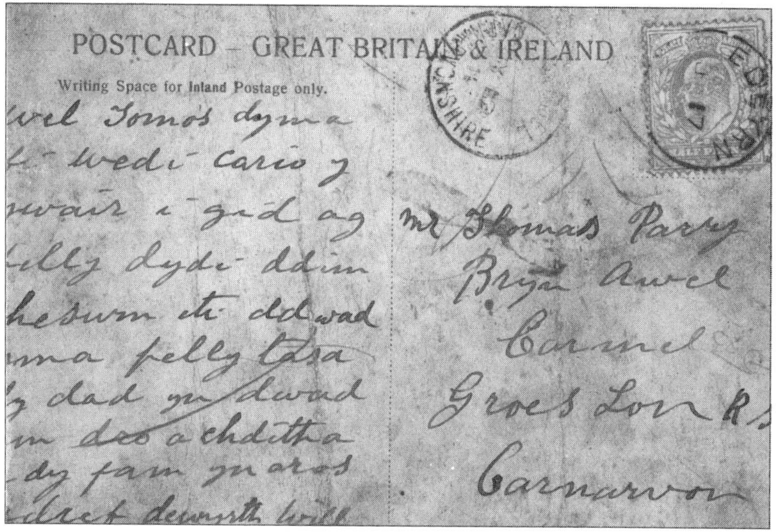

35

33/34. Dau gerdyn oddi wrth fodryb ac ewythr Llangwnnadl, yn tynnu coes 'Tomi bach'. Llun babi yn dylyfu gên sydd ar gerdyn ei fodryb Janet, a dyna sail y cellwair.

35. Llun cerdyn post o Gapel Pen-y-graig, Llangwnnadl. Anfonwyd y cerdyn gan Thomas at Gruffudd, pan oedd ar un o'i fynych ymweliadau â'r teulu ym Mhen Llŷn.

Min Afon

Annwyl Frawd
Dyma iti P.C. ar dy ben blwydd. Byddaf yn sicr o ddod ac anrheg iti pan ddof adref. Wyddost ti llun pa gapel yw hwn? Sut hwyl sydd ar mam?
Cofion goreu
T. Parry

36a

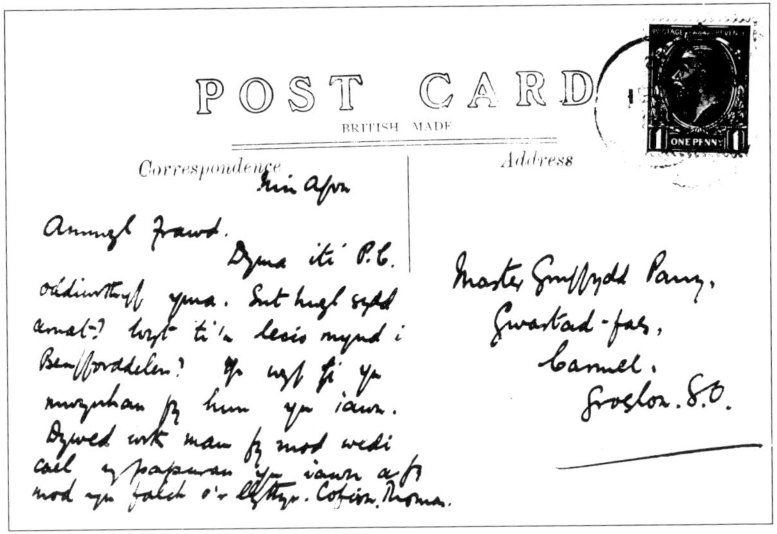
POST CARD

BRITISH MADE

POSTAGE & REVENUE ONE PENNY

Correspondence

Min Afon

Annwyl Frawd.

Dyma iti P.C. oddiwrthyf yma. Sut hwyl sydd arnat? Wyt ti'n leicio mynd i Benfforddelen? Yr wyf fi yn mwynhau fy hun yn iawn. Dywed wrth mam fy mod wedi cael y papuran yn iawn a fy mod yn falch o'r llythyr. Cofion. Nona.

Address

Master Gruffydd Parry,
Gwastad-faes,
Carmel.
Groeslon. S.O.

36b

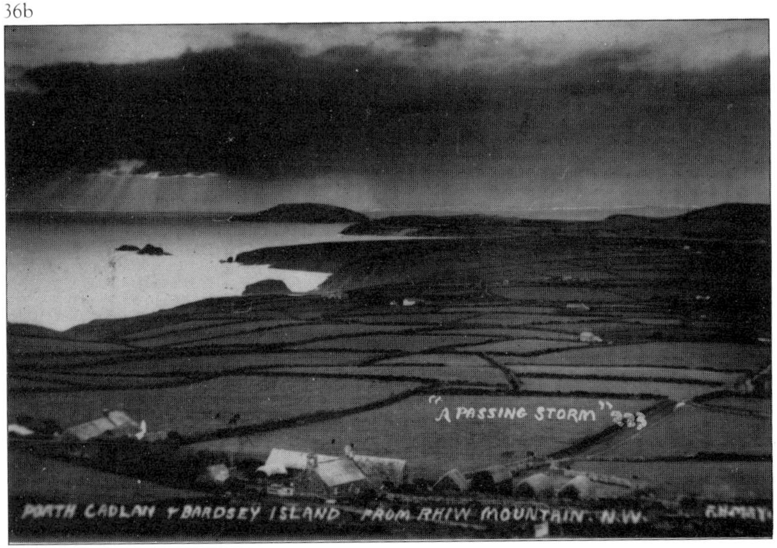

36*a*/36*b*. Cerdyn o Finafon, Llangwnnadl, at Gruffudd, yn 1922, pan oedd newydd ddechrau yn Ysgol Penfforddelen. Ceir yr un anwyldeb at ei frawd bach mewn nifer o gardiau post eraill sydd ym meddiant y teulu.

37. Llythyr a anfonwyd at y teulu gan berthynas a aethai i'r De i chwilio am waith. Ceir cyfeiriad at y tad: 'Richard Parry ought to come here to work, plenty of money to be had here in the coal pits'.

37

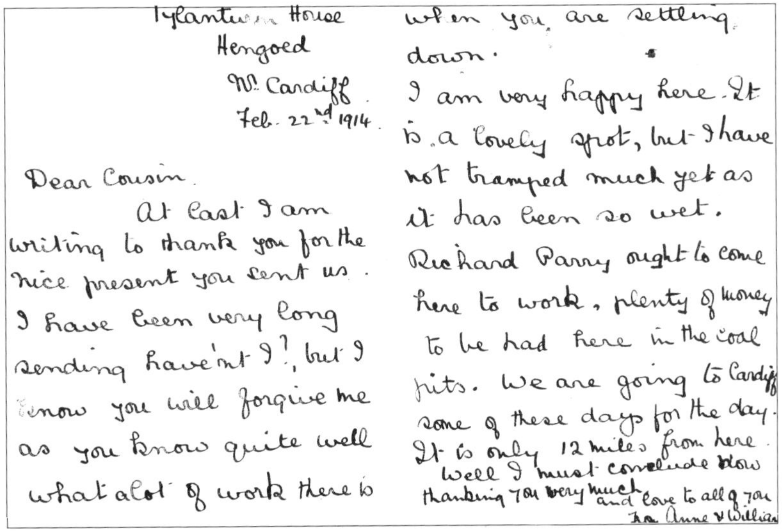
Tylantwen House
Hengoed
Nr. Cardiff
Feb. 22nd 1914.

Dear Cousin.

At last I am writing to thank you for the nice present you sent us. I have been very long sending have'nt I?, but I know you will forgive me as you know quite well what alot of work there is when you are settling down.

I am very happy here. It is a lovely spot, but I have not tramped much yet as it has been so wet. Richard Parry ought to come here to work, plenty of money to be had here in the coal pits. We are going to Cardiff some of these days for the day. It is only 12 miles from here. Well I must conclude now thanking you very much and love to all of you

fm. Anne & William

38. Ymfudodd Thomas Thomas, brawd Richard Parry, i America. 'Yr oedd y gymdeithas yn sefydlog. . . heb neb yn ymadael, os na fyddai'n fyd gwan yn y chwareli, a'r pryd hwnnw byddai pennau teuluoedd, a theuluoedd cyfan weithiau, yn mynd i'r De, neu i Lerpwl, ac ambell waith yn ymfudo i America neu Awstralia.' *Tŷ a Thyddyn.* Anfonwyd y cerdyn hwn gan Thomas at ei chwaer, Mary Jane, gartref yn y Gwyndy.

39. Margaret, un o'r ddwy gyfnither i Thomas Parry a fagwyd yn America. Ruth oedd enw'r llall.

38

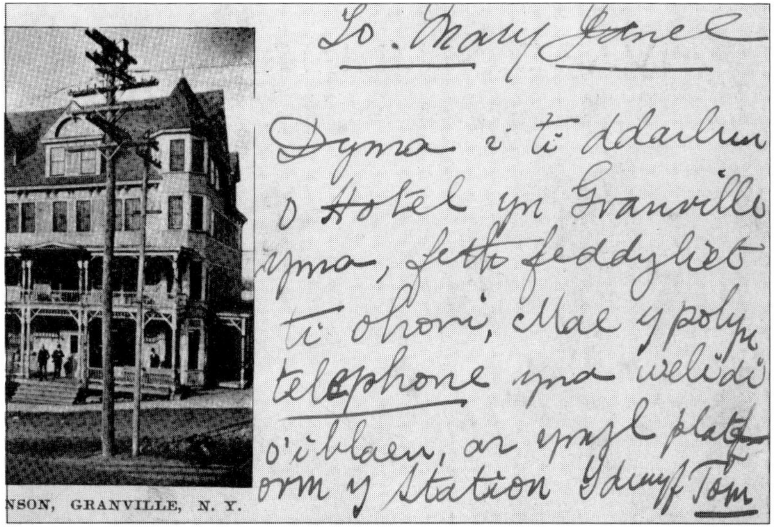

39

40. Cerdd fach o bum pennill a luniwyd gan Thomas Parry yn fachgen i ddathlu buddugoliaeth gan Gôr Carmel, dan arweiniad R.H. Jones, Pencerdd Llifon, a oedd yn canu'r harmonium yng nghapel Carmel.

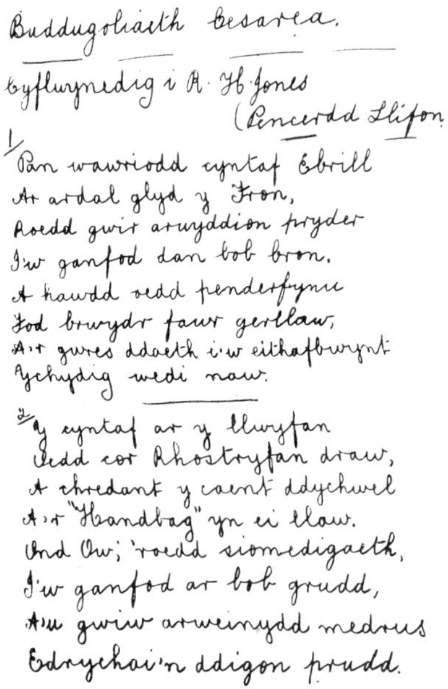
Buddugoliaeth Cesarea.
Cyflwynedig i R. H. Jones
(Pencerdd Llifon.

1/ Pan wawriodd cyntaf Ebrill
Ar ardal glyd y Fron,
Roedd gwir arwyddion pryder
I'w ganfod dan bob bron.
A hawdd oedd penderfynu
Fod brwydr fawr gerllaw,
A'r gwres ddaeth i'w eithafbwynt:
Ychydig wedi naw.

2/ Y cyntaf ar y llwyfan
Oedd côr Rhostryfan draw,
A chredant y caent ddychwel
A'r "Handbag" yn ei llaw.
Ond Ow; 'roedd siomedigaeth,
I'w ganfod ar bob grudd,
A'u gwiw arweinydd medrus
Edrychai'n ddigon prudd.

Fel hyn y mae'r gerdd yn gorffen:

Côr Carmel eto roddodd
Holl gorau'r fro mewn braw,
A Phencerdd Llifon welir
A'r 'Handbag' yn ei law.
Arweiniodd ef ei gatrawd
I fuddugoliaeth wiw,
Er gwaethaf saethau'r gelyn,
Ein Pencerdd sydd yn fyw.

'Mi fyddaf yn meddwl yn aml sut y cododd yr ychydig ddiddordeb a fu gen i mewn barddoni. Yr unig lyfrau yn fy nghartref oedd y Beibl a'r Llyfr Emynau, a rhes o esboniadau mewn cloriau brown, a Geiriadur Ysgrythurol William Davies, ac un gyfrol o *Hanes Methodistiaeth Arfon* William Hobley, y gyfrol sy'n cynnwys hanes eglwys Carmel. Yr unig gylchgronau oedd yn dod i'r tŷ oedd *Cymru'r Plant a Thrysorfa'r Plant*. Yr oedd cefnder i mi wedi ennill y Gadair genedlaethol ym Mae Colwyn pan oeddwn i'n chwech oed, ond 'chafodd hwnnw ddim dylanwad arnaf, oherwydd un o'r rhai salaf erioed am fynd rownd ei deulu oedd Robert Williams Parry. Yr oedd fy ewyrth Harri yn Rhyd-ddu, tad Syr Thomas Parry Williams, yn barddoni cryn lawer, ac fe wnaeth ei fab ei farc yn fuan iawn. Ond rhyw unwaith yn y flwyddyn y byddwn i'n eu gweld nhw, achos taith go chwithig oedd mynd o Garmel i Ryd-ddu.'

Y Llwybrau Gynt

41. Gwastad-faes a gweddill yr eira yn dal o'i gwmpas. 'Hen oerni gwenwynllyd oedd oerni mis Mawrth – Mawrth a ladd ac Ebrill a fling – yn enwedig pan oedd caenau o niwl yn dod i lawr o Bant yr Eira – niwl Gwanwyn gwynt', meddai Gruffudd Parry, *Blwyddyn Bentre*. Symudodd y teulu yma yn 1922, ac yna ymhen ychydig yn ôl i Frynawel pan aeth iechyd y fam yn rhy fregus i wneud holl waith gwraig tyddyn.

41

42

Pryddest Goffa

AM Y DIWEDDAR

Mr. Henry Evans,

Caeforgan, Carmel,

Bu farw Mawrth 4ydd, 1920,

Yn 41 Mlwydd Oed,

Ac a gladdwyd yn Mynwent Carmel, Mawrth 9fed.

BUDDUGOL YN EISTEDDFOD Y PLANT, CARMEL.

Wyla'r awel yn yr ynn,
  Wyla'r blodeu ddagrau gwlith,
Wyla brwyn a hesg y glyn
  A'r afonig yn eu plith;
A daw si tragwyddol siom
  O furmuron tonnau'r aig,
Ac mae tinc y galon drom
  Yn yr eco yn y graig.

Pam yr wylo? Ciliodd troed
  Mab y Wawr o lwybrau'r ffridd,
Er yn hafddydd hir ei oed
  Cwympodd i oer gell y pridd;
Teulu a chyfeillion pur
  Teithiant frigau'r llawrwydd llwyd;
Wylant, galwant yn eu cur
  Am gyfodi un ni chwyd.

Crwydraist lethrau'r Cilgwyn gwyllt,
  Crwydraist lwybrau'r doldir gwyrdd;
Mewn ystorm yng nghartre'r myllt
  Gwelaist Dduw a'i "ddirgel ffyrdd;"
Neithiwr crwydraist erwau mawl
  Seion, ar lan "mor o hedd,"
Gwelaist fflach o'r nefol wawl;
  Heno, crwydri lwybrau'r bedd.

Sisial ffrwd y "Gors" o hyd,
  Can y dail yng "Nghoed y Glyn,"
Chwifia'r gwynt, er chwifio c'yd,
  Eithin brigaur "Cae Pen Llyn;"
Yng "Nghae Forgan" clywir si
  Rhai yn dod a rhai yn mynd;
Mud yw'r cyfan heno i ti,
  Mud wyt tithau, dawel ffrynd!

Maith fu'r gwylio, maith a phrudd,
  Yng ngwylfeydd dihun y nos,
Oerwynt bedd edwinai'th rudd
  Unwaith fu fel gwridog ros;
Tithau'n dawel iawn a mwyn
  Trwy nerth Rhywun mwy na dyn,
Tynnu'r anadl gaeth heb gwyn,
  Nes it' dynnu'r olaf un.

Bererinion blin y daith,
  Sychwn ddagrau'n cur dihedd,
Iraidd fydd, trwy flwyddi maith,
  Lili rhinwedd ar ei fedd;
Cofir ei gymeriad gwyn,
  Calon bur, a'i rodiad da,
Fel y cofir yn y glyn
  Bersawr hudol rhos yr ha'.

Gwyndy, Carmel. THOMAS PARRY.

42. Cerdd goffa a luniwyd gan Thomas Parry pan nad oedd ond pymtheg oed.

43. Llun a dynnwyd yn ystod dyddiau coleg.

43

44

45

44. Y 'criw diddan' ym Mangor, y tu allan i'w llety.

'Ond er gwaethaf pob caethiwed a rheol 'roedd bywyd yn ddedwyddwch paradwysaidd. Fe ddaeth 17 Park St. yn rhyw fath o ganolfan gymdeithasol i amryw o lanciau oedd yn hoff o farddoni, a chynganeddu'n arbennig. Dyna Roger Hughes, Ficer Bryneglwys yn ddiweddarach, cynganeddwr coeth mewn iaith ramantaidd; Goronwy Prys Jones, sydd newydd ymddeol o fod yn Gyfarwyddwr Addysg Môn, bardd da ond llawer rhy dawedog; Huw Roberts, a fu'n weinidog mewn amryw fannau ac yn llyfrgellydd dinas Bangor am ysbaid; a Meirion Roberts o Gorwen, athrylith yn bendant, bardd aeddfed, wedi holpio ar y pryd ar Gwynn Jones a Rupert Brooke.'

Y Llwybrau Gynt

45. Y tri chydletywr ym Mangor: Hywel Wyn Elias Jones, John Gwilym Jones, Thomas Parry.

46. Diwrnod rag ym Mangor. Y meddyg yn ei het silc yw Thomas Parry; John Gwilym Jones yw'r nyrs wrth ei ochr.

46

47

47. Pwyllgor y Cymric ym Mangor, a'r Athro T. Hudson Williams yn y gadair. Y dynion o fyfyrwyr yn y llun yw W.E. Thomas (tad Dafydd Elis Thomas), Edward Rees (a ddaeth yn brifathro'r Coleg Normal), Thomas Parry, Goronwy Prys Jones, a Roger Hughes.

48. Cyfeillion Coleg: Guto Davies, Hywel Wyn Elias Jones, Thomas Parry, J.T. Jones, J. Gwilym Jones.

48

48a

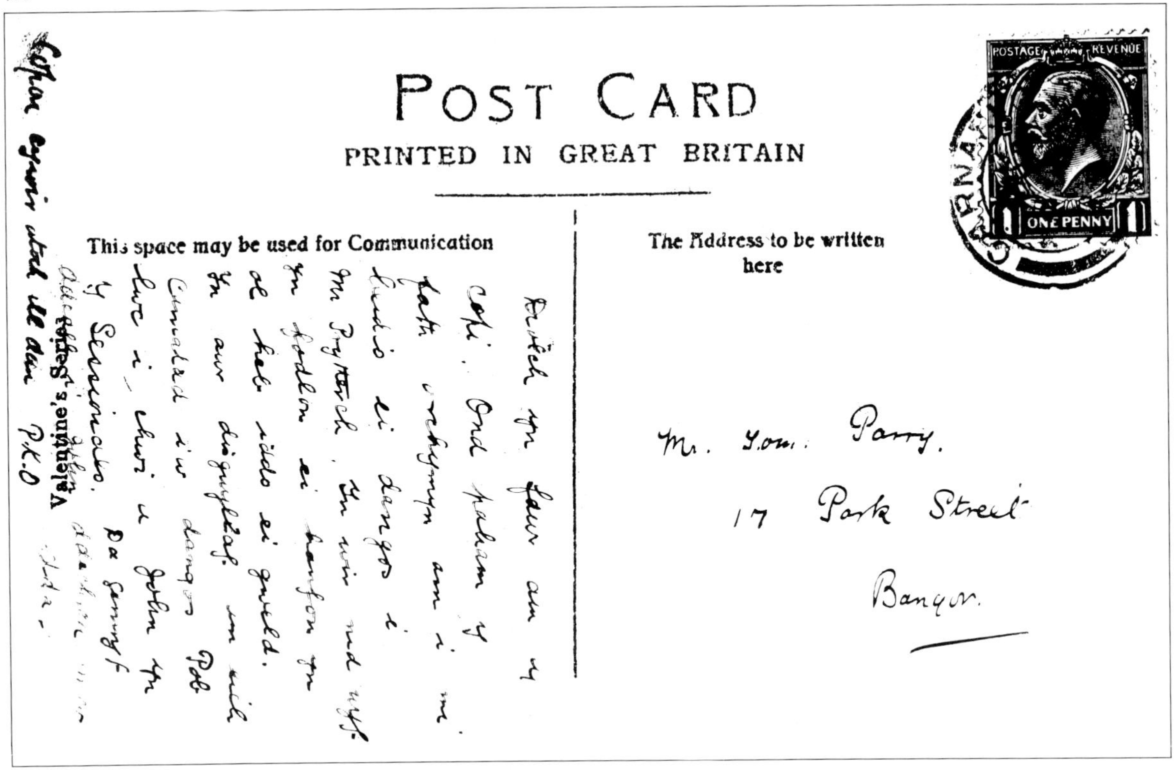

48b

48a. Cerdyn post at Tom ym Mangor gan ei athrawes Gymraeg, Miss P.K. Owen. John Gwilym Jones, wrth gwrs, yw'r 'John' y cyfeirir ato, a phrifathro Ysgol Sir Pen-y-groes yw Mr Prytherch.

48b. O flaen drysau'r Coleg, tua 1925.

49. Cyn-ddisgyblion Ysgol Sir Pen-y-groes, a oedd yn fyfyrwyr ym Mangor yn 1923. Mae Thomas Parry ar y chwith yn y cefn, a John Gwilym Jones ar y chwith yn y rhes flaen.

49

50

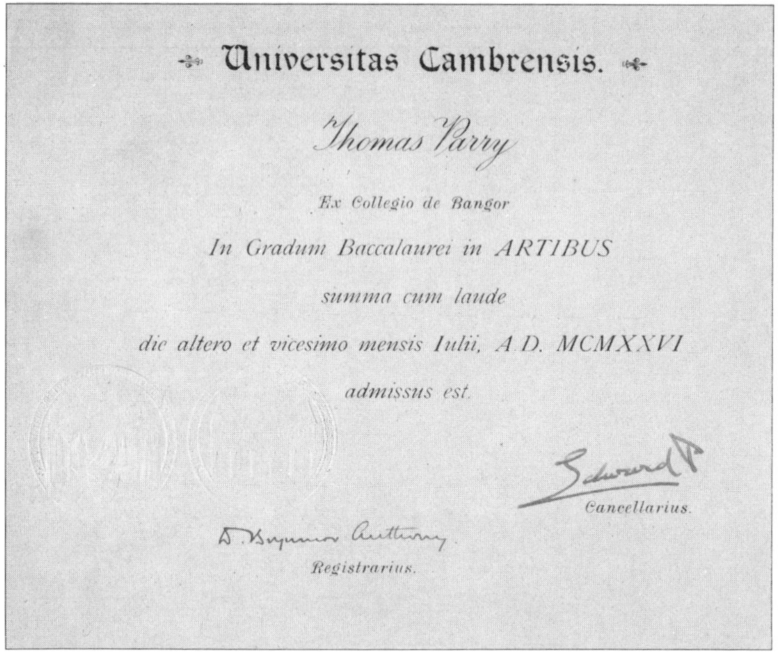

Universitas Cambrensis.

Thomas Parry

Ex Collegio de Bangor

In Gradum Baccalaurei in ARTIBUS

summa cum laude

die altero et vicesimo mensis Iulii, A.D. MCMXXVI

admissus est.

Edward P

Cancellarius.

D. Brynmor Anthony

Registrarius.

51

50. Tystysgrif Graddio, 1926.

51. Thomas Parry yn graddio ym Mangor, '*summa cum laude*'. Yn union wedyn, cafodd swydd yng Nghaerdydd: 'yn nechrau Hydref 1926 yr oeddwn ar fy nhaith i Gaerdydd i fod yn ddarlithydd mewn Cymraeg a Lladin am gyflog o dri chan punt yn y flwyddyn – cymaint ddwywaith ag yr oedd fy nhad yn ei gael yn chwarel Dorothea. Rhyfyg a digwilydd-dra erchyll ar fy rhan oedd cymryd arnaf ddarlithio yn Lladin, ac mi weithiais yn galetach ar y pwnc hwnnw am y tair blynedd y bûm wrthi nag a wnes na chynt nac wedyn. Yr oeddwn gryn lawer yn fwy cartrefol yn y Gymraeg, er mai peth digon rhyfedd oedd darlithio i fechgyn o'm hoed i fy hun, rhai yr oeddwn wedi eu gweld yn yr Eisteddfod Gydgolegol ym Mangor y flwyddyn cynt, fel Roderick Lloyd a Luther Owen a Iori Richards.' *Y Llwybrau Gynt*

52

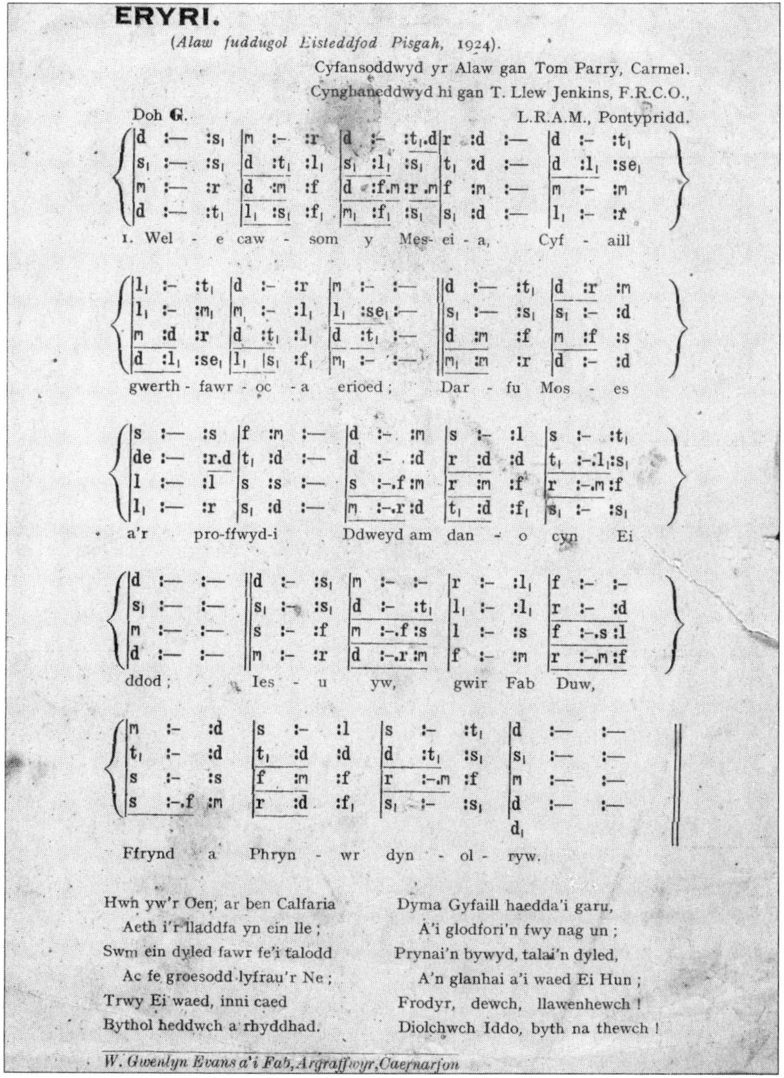

53

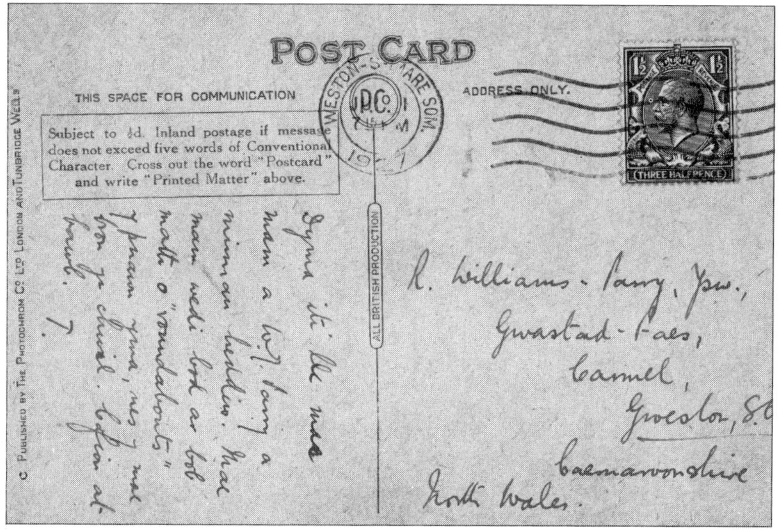

52. 'Eryri' sef yr alaw fuddugol yn Eisteddfod Pisgah, 1924. Cyfansoddodd Thomas Parry yr alaw i'w chanu ar eiriau 'Wele cawsom y Meseia', a chynganeddwyd hi wedyn gan T. Llew Jenkins, Pontypridd.

'Ond yr oedd yno gynneddf arall, na ddatblygwyd mohoni o gwbl, ac mi fyddaf yn meddwl yn aml mai cerddor wedi mynd ar ddisberod ydwyf fi. Yr oedd gen i ddiddordeb mawr iawn mewn cerddoriaeth. Mi geisiais ddysgu fy hun i ganu harmonium, ac mi enillais ar gyfansoddi tôn yn Eisteddfod Mynydd y Cilgwyn. A hyd y dydd hwn 'rwy'n gallu cofio ugeiniau o alawon o bob math, ond 'alla 'i yn fy myw gofio barddoniaeth, yn rhyfedd iawn.'

Y Llwybrau Gynt

53. Cerdyn post a anfonwyd o Weston-Super-Mare, mis Gorffennaf 1927, at Richard, gartref yng Ngharmel.

54

54. Dosbarth Anrhydedd Cymraeg, Caerdydd 1927. Yn y rhes flaen gwelir E. Lewis Evans, G.J. Williams, W.J. Gruffydd, Thomas Parry, W.C. Elvet Thomas.

'Siaradwr cyhoeddus herciog a phesychlyd oedd W.J. Gruffydd, ac yr oedd yn fynych yn arddywedyd ei nodiadau i'r myfyrwyr – gorchwyl cwbl ddieneiniad. Ond yr oedd y myfyrwyr hynny, erbyn diwedd eu cwrs, yn gwybod cryn lawer am hanes llenyddiaeth Gymraeg yn gyffredinol. Rhyw gorwynt o lefarwr oedd G.J. Williams, a swm ei wybodaeth yn syfrdanu dyn. Byddai'n gwagio costrelau ei ddysg yn rhyferthwy ieithyddol ar ben ei fyfyrwyr, gan ddisgwyl iddynt, mewn tair blynedd o amser, ddeall a chadw nifer enfawr o ffeithiau.'

Ysgrifau Beirniadol IX

55. Dosbarth Anrhydedd Cymraeg, Caerdydd 1929. Yn y cefn, o'r chwith, Catherine Lewis, Trefor John Evans, Trefor Jenkins, J. Melville Jones, Ivor Owen. Rhes flaen: Thomas Parry, Citi Isaacs, W.J. Gruffydd, G.J. Williams, Beti Rhys.

55

56

56. Staff a myfyrwyr Caerdydd eto, wedi buddugoliaeth eisteddfodol.

56a. Telyneg yn y dull rhamantaidd, a luniwyd yn 1929.

Y Mynydd Grug a'r Wyddfa

Y Mynydd Grug a'r Wyddfa
A'ch holl gymheiriaid doeth,
Mi welaf glog o eira
Dros eich ysgwyddau noeth,
A chofio 'rwyf am wrid eich grudd
Ryw bnawn o hafddydd poeth.

Pa ddifrif fyfyrdodau
A'ch ceidw'n syn mor hir?
A ddaw ar gof i chwithau,
Benaethiaid teg y tir,
Pan syllech dros weirgloddiau llawn
Ryw bnawn o hafddydd clir?

Trwm wybren, mud y goedwig,
Diddan pob aelwyd cell,
Y llwybrau troed yn unig,
A'r haf yn crwydro 'mhell
A phell y drem a'r gair a gawn
Ryw bnawn o hafddydd gwell.

Tyrd awel ddehau, gwasgar
Y niwloedd, blyg ar blyg;
A brysied ffrydiau llafar
Yn lle'r llifogydd cryg;
A doed y ferch a'r gwrid a'r ha
I'r Wyddfa a'r Mynydd Grug.

57

57. Llun portread o Enid Picton Davies, a dynnwyd adeg Eisteddfod Gydgolegol Caerdydd, 1932, a hithau'n ugain oed.

58. Morlogws, Capel Iwan, cartref O. Picton Davies. Un o ardal Caernarfon oedd ei briod, Jane.

58

59

59. Enid yn faban, gyda'i mam, Gorffennaf 22, 1912.

60. Enid gyda Thomas, ar ymweliad cynnar â Charmel.

61. Llun a dynnwyd o Enid a Thomas gyda Caradog Prichard yn Mhenmaenmawr, 1930. Ceir disgrifiad ysgafnfryd Thomas ar y cefn: 'Y marchogion ac un o'r rhianedd yn gorffwyso ar lan y Môr Canoldir ar eu taith i'r ail grwsâd. Sylwer ar eu gwedd benderfynol a difrif.'

60

61

62

63

62. Cerdyn post, 1 Mawrth 1930, oddi wrth Mattie a Caradog Prichard.

63. Enid gyda'i darpar fam-yng-nhyfraith.

64

64. Cynhyrchiad o gyfieithiad John Roberts o'r ddrama 'Y *Machgen Gwyn i*', gan Lennox Robinson, yng Ngholeg Caerdydd yn 1931. Gwelir Enid Picton Davies yng nghanol y llun. Y gŵr â'r gwallt gwyn gosod yn y cefn yw Emrys Cleaver, gydag Eirwen Humphreys, a fu wedyn yn athrawes Gymraeg lwyddiannus iawn yng Nhaerdydd, yn sefyll nesaf ato. Yr ail o'r chwith yn y rhes flaen yw Ceinwen Thomas, yr ysgolhaig Cymraeg a ddaeth yn aelod o staff y Coleg yn ddiweddarach.

65. Llun portread o Enid, a anfonwyd at Thomas cyn i'r ddau briodi.

65

66

66. Cynhyrchwyd cyfieithiad Thomas Parry ac R.H. Hughes o *Hedda Gabler* ym Mangor yn 1930. Dyma'r cwmni, o'r chwith i'r dde: Oswald Rees Owen, Rowena Cadwaladr, Thomas Parry, Meic Parry, Minna Williams, R.E. Jones, Emily Long, J.J. Williams, Sally Edwards, R.H. Hughes, Lydia Roberts, G.O. Jones.

Bu Thomas Parry ar hyd y blynyddoedd yn gefnogol i'r syniad o gyfieithu dramâu i'r Gymraeg. Yn *Y Genedl Gymraeg*, 9 Chwefror 1931, dadleuodd o blaid Chwaraewyr Coleg y Gogledd a oedd ar fin perfformio drama gyfieithedig: 'Nid oes neb gweddol glir ei lygaid na wêl bod bron bob gwlad yn Ewrop yn curo Cymru am ddrama. Bwrier y bai ar y Methodistiaid, Senedd Lloegr, neu'r tywydd, nid oes wadu'r ffaith. Rhaid i ni heddiw geisio gosod sylfeini traddodiad newydd, ac yn rhywle o gwmpas y sylfeini yr ydym hyd yma, heb osod ond ychydig o gerrig y muriau ar ei gilydd . . . Nid oes neb yn edmygu mwy ar ddramodwyr Cymru na myfyrwyr Coleg Bangor, ac yn wir byddant yn barod i gyfaddef bod y gwŷr hynny wedi myned gam ymhellach na hwy eu hunain, ac wedi dechrau cloddio'r sylfeini, tra daliant hwy i astudio'r plan. Ond eu dadl hwy ydyw bod raid para i astudio.'

67. Llythyr oddi wrth y darlithydd ifanc at Enid, Mehefin 1932.

67

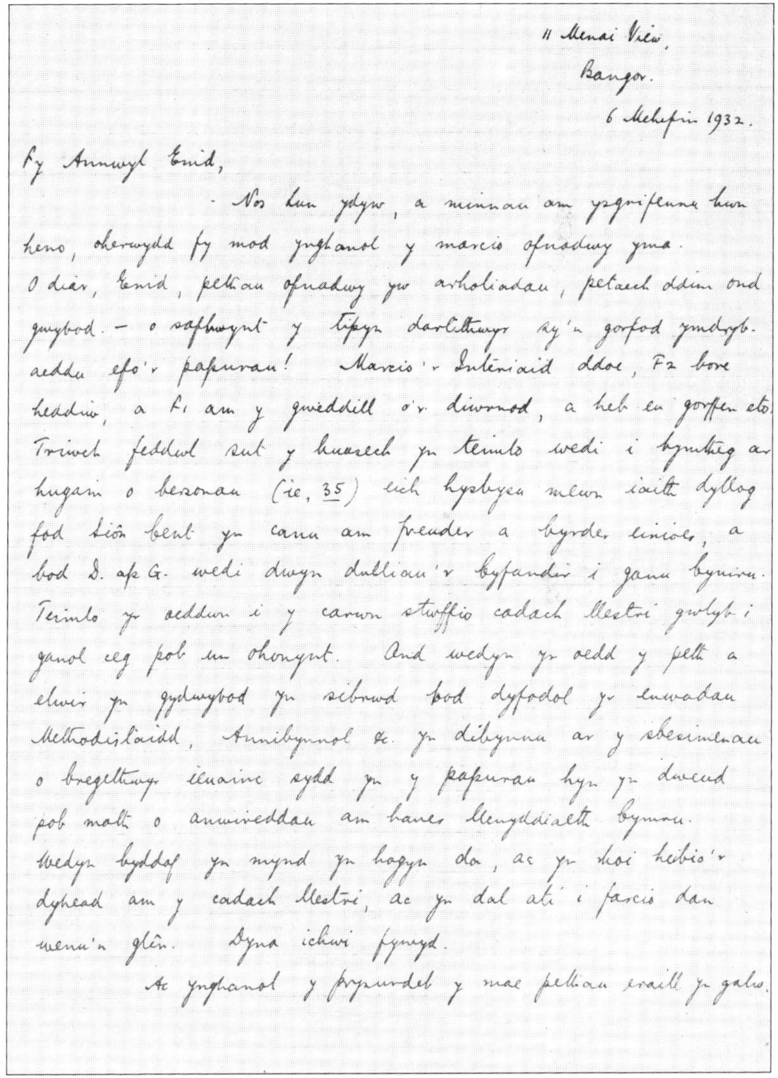

11 Menai View,
Bangor.
6 Mehefin 1932.

Fy Annwyl Enid,

Nos Lun ydyw, a minnau am ysgrifennu hwn heno, oherwydd fy mod ynghanol y marcio ofnadwy yma.
O diar, Enid, pethau ofnadwy yw arholiadau, petaech ddim ond gwybod. — o safbwynt y tipyn darlithwyr sy'n gorfod ymdrybaeddu efo'r papurau! Marcio'r Interiaid ddoe, F2 bore heddiw, a F1 am y gweddill o'r diwrnod, a heb eu gorffen eto. Triwch feddwl sut y buasech yn teimlo wedi i bymtheg ar hugain o bersonau (ie, 35) eich hysbysu mewn iaith dyllog fod Siôn Cent yn canu am freuder a byrder einioes, a bod D. ap G. wedi dwyn dulliau'r Cyfandir i ganu Cymru. Teimlo yr oeddwn i y carwn stwffio cadach llestri gwlyb i ganol ceg pob un ohonynt. Ond wedyn yr oedd y peth a elwir yn gydwybod yn sibrwd bod dyfodol yr enwadau Methodistaidd, Annibynnol &c. yn dibynnu ar y sbesimenau o bregethwyr ieuainc sydd yn y papurau hyn yn dweud pob math o anwireddau am hanes llenyddiaeth Cymru. Wedyn byddaf yn mynd yn hogyn da, ac yn troi heibio'r dyhead am y cadach llestri, ac yn dal ati i farcio dan wenu'n glên. Dyna ichwi fywyd.

Ac ynghanol y prysurdeb y mae pethau eraill yn galw.

68. Darn o Awdl '*Mam*', pan oedd Thomas Parry wrthi yn ei llunio, mewn llythyr at Enid, 1932.

69. Y cerflun 'Genesis' gan Epstein a ysbrydolodd Thomas Parry i gyfansoddi ei awdl '*Mam*'. Ysgogodd y cerflun ymateb cymysg ac eithafol pan ddangoswyd ef gyntaf yn 1931. Temlai rhai ei fod yn gwrs ac yn sarhad ar wragedd ond gwelai eraill elfennau dwys a chyntefig ynddo.

69

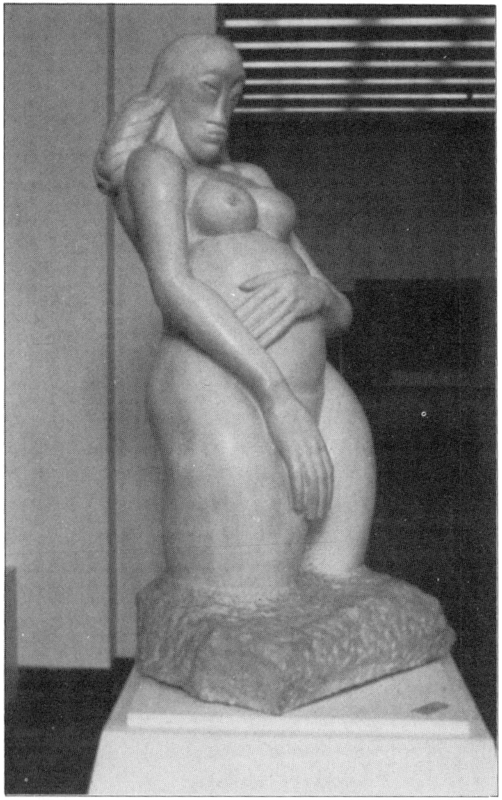

68

5.

'Roedd dewin trech na'r dewin a'i blinodd;
O ras a medr hwnnw a roes ymadrodd
I enau mud; ei llaw a symudodd,
A'r ddelw wan welw hwnnw a anwylodd;
O'i hynt ddistaw draw pan drôdd — megis brawd
Ni faliai wawd, hwnnw a'i cofleidiodd.

Carodd y fun, ac i'w hoeraidd fynwes
Gyr hwn yr anadl o'i anadl cynnes;
Ni fyn na choffa a fu na chyffes,
Yn dyner edrych heb wawd na rhodres
Ar ei nych; ymwyra'n nes — i'w grudd hi,
A mwyn yw'r weddi i'w min a roddes.

Beth yw dy farn di ar y rheina?
Breuddwydio yr wyf wrth gwrs, fel yr awgrymir yn y pennill cyntaf, a gweled y ddelw yn graddol fynd yn berson byw ac yna sylweddolaf mai fy mam fy hun ydyw. Sieryd hithau

70

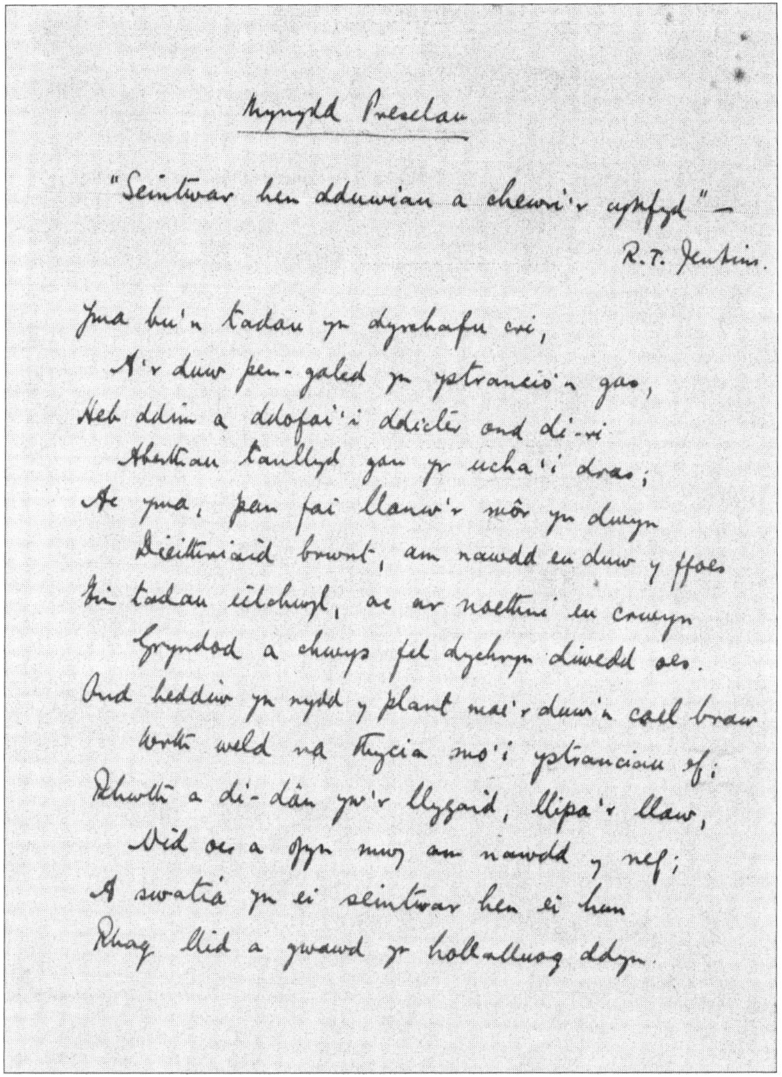

Mynydd Preselau

"Seintwar hen dduwiau a chewri'r cynfyd" —
R.T. Jenkins.

Yma bu'n tadau yn dyrchafu cri,
A'r duw pen-galed yn ystrancio'n gas,
Heb ddim a ddofai'i ddicter ond di-ri
Aberthau tanllyd gan yr ucha'i dras;
Ac yma, pan fai llanw'r môr yn dwyn
Dieithriaid brwnt, am nawdd eu duw y ffoes
Ein tadau eiddilwych, ac ar noethni'u crwyn
Gryndod a chwys fel dychryn diwedd oes.
Ond heddiw yn nydd y plant mae'r duw'n cael braw
Wrth weld na thycia mo'i ystranciau ef;
Rhwth a di-dân yw'r llygaid, llipa'r llaw,
Nid oes a ffy mwy am nawdd y nef;
A swatia yn ei seintwar hen ei hun
Rhag llid a gwawd yr hollalluog ddyn.

71

70. Soned ar y testun '*Mynydd Preselau*', yn llaw'r bardd.

71. Oscar Parry-Williams a Dora, ei wraig, gyda Thomas yn Aberystwyth.

72

73

74

72. Thomas Parry gyda'i gyfaill Hywel Jones y tu allan i Frynawel.

73. 1933, ac yntau bellach yn ddarlithydd ym Mangor.

'Ym Mangor mi ymrois i wneud fy ngwaith fel darlithydd, a'i fwynhau – darllen cymaint ag a allwn am fy mhwnc, a cheisio cyflwyno'r wybodaeth i'r myfyrwyr, a'r rheini trwy'r blynyddoedd yn griw hoffus a hawddgar. Y mae rhai o'r myfyrwyr cynnar ymysg fy nghyfeillion gorau hyd heddiw. Dechreuais hefyd ar waith ymchwil a thipyn o swmp ynddo, sef Dafydd ap Gwilym.'

Y Llwybrau Gynt

74. Garej bren a godwyd gan Thomas ym Mrynawel pan gafodd gar am y tro cyntaf. Pan ddaeth adref o Gaerdydd un tro, cafodd fod ei frodyr wedi peintio'r garej yn 'red white and blue' yn ei absenoldeb! Yr oedd elfen y crefftwr yn Thomas:

'Mewn gwirionedd yr oedd fy ngogwydd i tuag at wneud pethau â'm dwylo, yn hytrach na darllen a myfyrio. Yr oedd gen i ewyrth yn of yn Rhos-ddu yn Llŷn, William Hughes, gŵr fy modryb Janet, a phan fyddwn i yno ar wyliau mi fyddwn yn treulio oriau yn edrych arno'n gwneud pedol ceffyl neu lidiart haearn, neu'n cylchu olwyn trol. Wedi gweld Tomos y Crydd yn Nhudweiliog yn rhoi clwt ar esgid yn yr hen ddull efo edau a chwyr crydd a gwrychyn mochyn, mi eis innau ati i wneud yr un peth ar fy esgid fy hun ar ôl mynd adref. Mi fûm yn gwneud lluniau hefyd efo pensel a crayons, lluniau tai a golygfeydd o gwmpas Carmel. Yr oeddwn yn trin coed yn gynnar iawn – gwneud llongau bach, melinau gwynt a phethau felly, ac y mae gen i set o arfau saer ers blynyddoedd. Mi ges bwl o rwymo llyfrau hefyd un waith. Hyd yn oed heddiw, pan fyddaf wedi bod yn gweithio am wythnosau efo'r tipyn ymennydd sydd gen i, fe fydd rhyw ysfa ddiwrthdro yn codi am wneud rhywbeth efo 'nwylo.'

Y Llwybrau Gynt

75. Richard, y brawd canol. Graddiodd yntau ym Mangor, cyn mynd i Lundain yn athro ysgol. Priododd â Kay Rees, merch o Gwm Ogwr, a fu'n fyfyriwr yn Y Coleg Normal. Bu Richard farw mewn damwain car yn 1975, wedi treulio ei oes yn Llundain.

76. Gruffudd yn un-ar-bymtheg oed. Cawn hanes sgwrs rhyngddo ef a'i fam, ychydig flynyddoedd cyn hyn, yn *Blwyddyn Bentre:*

'Ga i fynd i beintio drws beudy 'ta?'
' 'Does 'na ddim paent'.
'Oes, mae 'na sbar peth oedd yn peintio'r giat'.
'Dydi o ddim digon'.
' 'Ro i ddŵr am i ben o'.
'Neiff paent a dŵr ddim cymysgu'.
'Ga i drio 'ta?'
'Na chei. Mi fydd dy dad o'i go' os rhoi di ddŵr yn y tun paent'.
'Be sy eisio roi am ben paent 'ta?'
'Oel trypan ne oel coed'.
'Ro i hwnnw 'ta'.
'Does na ddim. Pam nad ei di i neud y mecano?'

77. 'Dw'i'n tueddu i fwynhau fy hun beth bynnag ydw i'n i neud, boed hynny'n olchi llestri, trin yr ardd, neu, wrth gwrs, sgwennu.' A'r tro hwn, actio. Gruffudd Parry mewn sgwrs ag Eleri Llewelyn Morris ar gyfer yr *Herald Cymraeg*, 1986.

75

76

77

78

78. Jane Parry gyda John Gwilym Jones.

79

79. Y tri brawd – Thomas, Richard, Gruffudd.

80

81

82

83

80. Gruffudd a'i dad a'i fam.

81. Gruffudd gyda'i fam ar ddiwrnod graddio. Tynnwyd y llun ym Mheniarth, Lôn Meirion. Bu Gruffudd yn lletya yno gyda Tom ac Enid yn ystod ei gyfnod ym Mangor.

82. Gruffudd ar ymweliad â'r Rhyl yn 1936, gyda Margaret, ei gyfnither o du ei fam. Daeth hi yn fam i'r beirniad llenyddol Dafydd Glyn Jones.

83. Richard a Jane Parry ym Mrynawel, wedi'r blynyddoedd.

'Cartref dedwydd hefyd, er bod y rhieni'n bur wahanol i'w gilydd – fy nhad braidd yn ddistaw, ond weithiau'n gwylltio'n gacwn; fy mam yn siarad fel pistyll, a heb flewyn ar ei thafod os oedd eisiau dweud wrth berthynas neu gymydog pa fath gymeriad oedd ganddo. Fe dramgwyddodd hi amryw ym mhentre Carmel o bryd i bryd, ac eto, pan fu hi farw yn 1957 yr oedd ugeiniau o dorchau blodau ar ei bedd.'

Y Llwybrau Gynt

84

84. Richard Parry, yng ngardd Brynawel.

Fy Nhad
(Bu farw Mawrth 20, 1942)

Côstio am dipyn, wedyn hwylio ar led,
Yn llanc, yn llawen, ac yn gryf dy gred.
Troi'n ôl i'th fryniog fro a chroeso'i chraig
A'i charu a'i choledd, megis gŵr ei wraig –
Dringo i'r bonc; datod y clymau tynn
A roed pan blygwyd y mynyddoedd hyn;
Rhoi rhaw yn naear ddicra'r Cilgwyn noeth,
A phladur yn ei fyrwellt hafddydd poeth –
Troi dy dawedog nerth, aberth dy fraich,
Yn hamdden dysg i ni, heb gyfri'r baich.

Ni thorraist fara nac yfed gwin y Gwaed,
Ond cyfarwyddodd Ef dy drem a'th draed.
Difyrrwch pell dy fore, byd nis gŵyr,
Na diddan ludded d'orfoleddus hwyr.
Ni chanwyd cnul na llaesu baner chwaith
Pan gododd llanw Mawrth dy long i'w thaith,
Ond torrodd rhywbeth oedd yn gyfa o'r blaen
Mewn pedair calon chwithig dan y straen,
Wrth iti gychwyn eto i hwylio ar led,
Yn hen, yn hynaws, ac yn gryf dy gred.

85

85. Jane Parry, yn wraig ganol oed.

Tra bo corff wrth gorff yn gudd
Cur hen yw pob cur newydd.
Fy mhla i a'm clwyf aml oedd
Yr ias a gerddai'r oesoedd
Dyrys o hyd, a'r ias hon
Ysydd einioes i ddynion.
Cei nwyd a hoen o'm cnawd i,
Ac o'm henaid cymuni,
D'ymennydd o'm coludd cau
D'anadl o'm hanadl innau.

Awdl 'Mam'

86

86. Jane Parry, yn ei henaint. Tynnwyd y llun yn 1952, bum mlynedd cyn ei marw yn bedwar ugain oed yn 1957.

87

87. Llun priodas Thomas ac Enid, 1936. Bu'r gwasanaeth yn Ebenezer, Caerdydd, a'r Parchedig Rees Griffiths yn gweinyddu.

88. Gydag Idris Foster ac Edwin Williams yn Llanfairfechan, 1937.

89. Thomas ac Enid o flaen eu tŷ cyntaf, Peniarth, Lôn Meirion, Bangor, a Menai a Môn y tu ôl iddynt. Daeth y tŷ hwn yn ddiweddarach yn eiddo i'r Athro Charles Evans, F.R.S., y gwyddonydd o Fethel, Arfon. Penmaen yw'r enw arno bellach; aeth Thomas ac Enid â'r enw 'Peniarth' i'w canlyn i'w tŷ yn Victoria Avenue. Tynnwyd y llun yn Awst 1939.

88

89

90. Gyda'r Athro Ifor Williams ar ymweliad â Llangaffo, Môn, i weld yr arysgrifau cynnar yno. Y ddau arall yn y llun yw D. Tecwyn Lloyd a J.E. Caerwyn Williams.

90

91

91. Llun pensil o Thomas Parry a dynnwyd uwchben brecwast un bore gan yr artist David Bell, pan oedd ar ymweliad â'r cartref, tua 1937.

92. Yr 'evacuees' academaidd. Rhai o staff Coleg y Brifysgol, Llundain, a Choleg Bangor, Mehefin 1944.

92

93

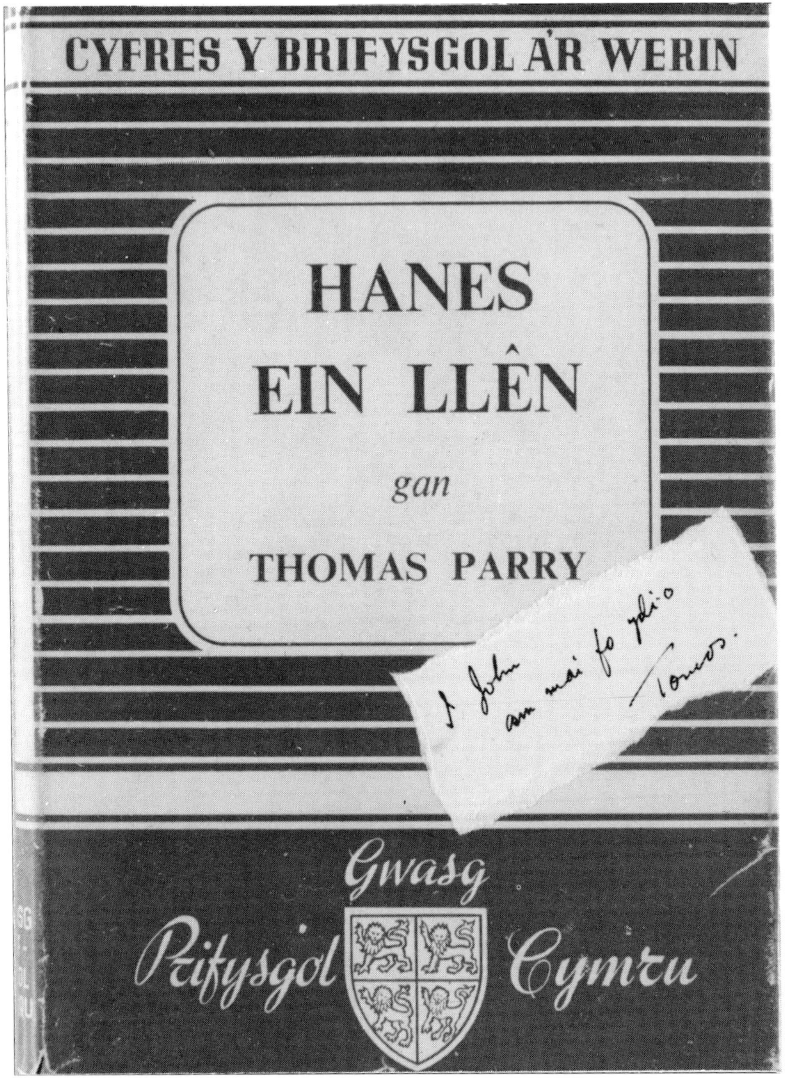
CYFRES Y BRIFYSGOL A'R WERIN
HANES
EIN LLÊN
gan
THOMAS PARRY
Gwasg
Prifysgol Cymru

94

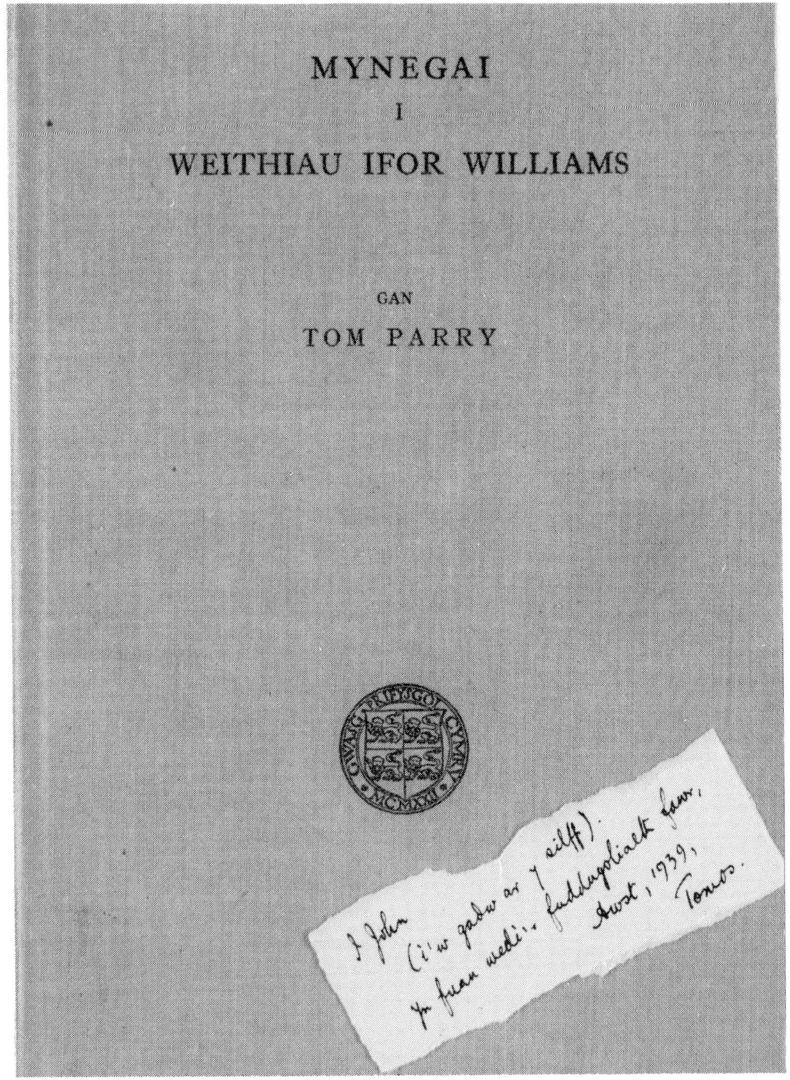
MYNEGAI
I
WEITHIAU IFOR WILLIAMS
GAN
TOM PARRY

93/94. Dau gyflwyniad i'w gyfaill John Gwilym Jones. Ar *Hanes ein Llên* (1948) y mae'r cyntaf; ar *Mynegai i Weithiau Ifor Williams* (1939) y mae'r ail.

'Y fuddugoliaeth fawr' yw gwaith John Gwilym Jones yn ennill ar gystadleuaeth y Ddrama Hir yn Eisteddfod Dinbych 1939, gyda *Diofal yw Dim*. Cafodd glod mawr gan Saunders Lewis yn ei feirniadaeth: 'Y mae'r ddrama hon yn ddigwyddiad eithriadol; y mae hi'n ddarn o lenyddiaeth greadigol bwysig, yn waith llenor, gwaith artist a gwaith meddyliwr cywir, dwys.' Enillodd hefyd yn yr un Eisteddfod gyda'i nofel *Y Dewis*.

95. Nain Carmel, a'i hwyres Enid ar ei harffed, 1949.

95

96

96. 'Yn y dyddiau diwethaf hyn, rhoes (Thomas Parry) gyfraniad gwiw arall i'n llenyddiaeth, sef cyfieithiad gorchestol o ddrama fydryddol T.S. Eliot "Murder in the Cathedral". Yn wir, y mae'r trosiad yn fwy na chyfieithiad; y mae'n llenyddiaeth greadigol newydd. Cyflwynwyd y cyfieithiad dan y teitl "Lladd wrth yr Allor" oddi ar lwyfan Neuadd Prichard Jones, Coleg y Brifysgol, Bangor, nos Wener a nawn a nos Sadwrn diwethaf, gan Gymdeithas Ddrama Gymraeg y Coleg, ac yr oedd y cynhyrchiad yn garreg filltir amlwg yn hanes ein drama'. Gwilym R. Jones yn *Y Faner*, 9 Chwefror 1949.

97. Llun llawen o Thomas ac Enid yn eu cartref, Peniarth, Victoria Avenue, Bangor, yn 1951. Bu'n gartref i'r Athro a Mrs J.E. Caerwyn Williams wedi hynny. Pan aeth y ddau yn ôl i Fangor ar ôl ymddeoliad Syr Thomas, aethant i fyw i dŷ arall yn yr un rhes, sef y Gwyndy.

98. Gyda'i lyfrau, Mehefin 1952.

97

98

99

99. Mrs Picton Davies, mam Enid, yn anrhegu Mrs Thomas, Llywydd y Chwiorydd, yn Ebenezer, Caerdydd, 13 Hydref 1953. Y tu ôl i'r ddwy gwelir y Parchedig Emlyn Jenkins a Mrs Jenkins, ac yn eistedd gwelir Elfed, a Mrs Lewis y tu ôl iddo yntau. Mae hwn yn un o'r lluniau olaf o Elfed. Bu farw ddeufis yn ddiweddarach, 10 Rhagfyr 1953.

100. Mr a Mrs Picton Davies yn Eisteddfod Caernarfon, Awst 1959. Cyhoeddwyd llyfr O. Picton Davies, *Atgofion Dyn Papur Newydd*, yn 1962. Bu'n olygydd yr *Herald Cymraeg* tan 1914, ond dychwelodd i Gaerdydd wedi hynny i weithio ar y *Western Mail*.

100

101

101. Staff Adran Gymraeg Bangor yn 1953, cyn i'r Athro symud i'r Llyfrgell Genedlaethol.
J.E. Caerwyn Williams, Thomas Parry, Enid Pierce Roberts, Brinley Rees.

102. Cyfarfod i ffarwelio â'r Athro Thomas Parry, Bangor, 1953.

102

103

103. Wrth ei ddesg yn y Llyfrgell Genedlaethol, gyda Miss Beatrice Davies, Ysgrifenyddes y Llyfrgellydd.

104a/104b. Rhan gyntaf y llythyr manwl – a phwysig – a anfonodd Thomas Parry at ei gyn-ddisgybl Bedwyr Lewis Jones, yn trafod awdl '*Mam*'. Yr oedd y myfyriwr ymchwil ifanc wedi llunio ysgrif ar y pwnc ar gyfer *Omnibus*, a derbyniodd maes o law yr ymdriniaeth hon gan ei hen athro.

Mewn ysgrif goffa yn *Trafodion Cymdeithas Hanes Sir Gaernarfon*, 1985, dywed Bedwyr Lewis Jones hyn: 'yn awr ac yn y man fe fynnodd y gynneddf lenyddol deuluaidd oedd ynddo ei chyfle, yn 1931, er enghraifft, ar ôl gweld cerflun Jacob Epstein o fam feichiog anferth mewn arddangosfa yn y Bluecoat School yn Lerpwl. Cafodd y cerflun effaith ryfedd arno. Y canlyniad oedd awdl ar destun 'Mam' a anfonodd i gystadleuaeth y gadair yn Eisteddfod Aberafan y flwyddyn wedyn. Yn ei dydd 'roedd hon yn gerdd drawiadol o newydd, yn enghraifft gynnar o ddylanwad T.S. Eliot ac Ezra Pound ar arddull bardd Cymraeg. Yn 1932 'roedd yn rhy newydd i ennill cadair. Ail gafodd hi, er bod T.H. Parry-Williams o blaid ei gwobrwyo. Mae'n para'n gerdd rymus.'

104a

ANFONER POB GOHEBIAETH AT Y LLYFRGELLYDD | TELEFFON: 392 A 393

LLYFRGELL GENEDLAETHOL CYMRU

LLYWYDD: Y GWIR ANRHYDEDDUS ARGLWYDD HARLECH, K.G., P.C., G.C.M.G., D.C.L., LL.D., F.S.A.
IS-LYWYDD: SYR IFAN AB OWEN EDWARDS, M.A.
TRYSORYDD: YR ATHRO-EMERITUS T. H. PARRY-WILLIAMS, M.A., D.LITT.

LLYFRGELLYDD:
THOMAS PARRY, M.A.

LLYFRGELL GENEDLAETHOL CYMRU
ABERYSTWYTH

6 Gorff. 1955.

Annwyl Bedwyr,

Yn llechwraidd yr wyf, er gwaethaf y teitl ar frig y ddalen yma, a rhag gwastraffu'r ochr wag, dyma fi'n ysgrifennu gair i chwi.

Fe gyrhaeddodd i'r Llyfrgell y dydd o'r blaen gopïau o Omnibus am y llynedd ac eleni, ac mi welais erthygl gennych chwi ar fy awdl i. Dechreuais ei darllen braidd yn bryderus, oherwydd er i lawer o bethau canmoliaethus gael eu dweud am yr awdl ar y pryd, nid oedd gennyf ddim syniad sut y buasai'n taro rhywun o'r genhedlaeth newydd, wedi tair blynedd ar hugain. Mi gefais fy mhlesio'n fawr iawn, nid yn gymaint am fod eich beirniadaeth yn ffafriol ac yn garedig, ond am eich bod wedi deall y gerdd.

Yr wyf yn barod i gyfaddef ei bod yn gerdd anodd, ac mewn mannau efallai yn dywyll; ac y mae dau reswm am hynny. I gychwyn fy niffyg dawn i fy hun i wneud fy meddwl yn glir, a hefyd — ac yn fwy o reswm yn wir — rhyw ddamcaniaeth oedd yn fy mhen i ar y pryd, wedi darllen T. S. Eliot, Ezra Pound, a beirniadaeth lenyddol y cyfnod, nad pethau i'w meddiannu ar frys yw barddoniaeth. Os yw bardd yn gweld yn ddyfnach neu ymhellach na dyn arall, y mae hefyd yn ymadroddi'n wahanol iddo, ac nid arddull sgwrs yn corffori syniadau

104b

"barddonol" yw barddoniaeth. Y mae arddull y bardd — yn eirfa, cystrawen, ~~[illegible]~~ delweddau, ei frawddegau, rhediad ei syniadau a phopeth — yn beth cwbl wahanol i'r hyn y mae'r dyn cyffredin normal yn gynefin ~~ag~~ ag ef. Yr wyf yn dal i gredu fod llawer o wir yn y gosodiad hwn, a dyna pam yr wyf yn honni cydymdeimlo â barddoniaeth "fodern". Dyna'r unig ffordd i ddeall Dylan Thomas, er enghraifft.

Ond oherwydd y safbwynt hwn mi gollais y gadair. Y gwir yw, wrth gwrs, na ddylwn erioed fod wedi cystadlu, oherwydd yr oeddwn yn torri un o reolau cadarnaf yr Eisteddfod, sef na ddylai perthynas i feirniad gystadlu o dan y beirniad hwnnw. — rheol iach a chwbl angenrheidiol. Fy rheswm i dros ei thorri oedd hyn: Yn mis Mai 1931 yr oeddwn wedi mynd i Lerpwl am ddiwrnod i weld cyfaill imi oedd yno'n fyfyriwr, ac wrth grwydro o gwmpas ar ôl cinio, dyma ni'n pasio'r Bluecoat School, a'r cyfaill yn dweud fod "Genesis" yn cael ei ddangos yno. I mewn â ni, a dyna lle'r oedd y cerflun ofnadwy hwnnw mewn ystafell dywyll o flaen llenni duon ac un pelydr tanbaid o olau trydan o'r to yn taro arno. Ni chafodd yr un celfyddydwaith erioed y fath ddylanwad arnaf — heb eithrio perfformiad o opera ar Joan of Arc a welais ym Mharis dair blynedd yn ôl, ac a'm daliodd fel dyn dwl am deirawr er nad oeddwn yn deall ond ambell frawddeg yma a thraw. Yn wir, hyd yn oed heddiw yr wyf yn gweld "Genesis" yn glir o flaen fy llygaid. Am rai wythnosau ni allwn

105

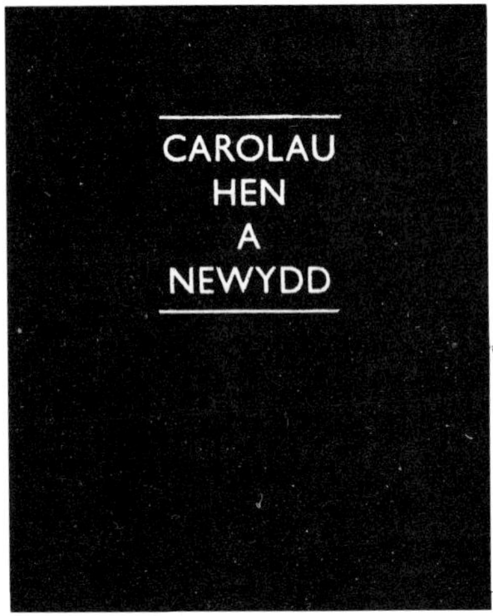

106

105/6. Gwnaeth Thomas Parry gryn waith ar hyd y blynyddoedd yn llunio cyfieithiadau a geiriau gwreiddiol ar gyfer cerddoriaeth. Yn wir, yn Eisteddfod Genedlaethol Bae Colwyn, 1947, gwahoddwyd ef i feirniadu cystadleuaeth 'cyfieithu libretto un o'r gweithiau cerddorol clasurol' i'r Gymraeg. Yn yr un eisteddod, bu ef ac Enid yn cyd-feirniadu ar gystadleuaeth cyfansoddi 'Cân ymdaith wladgarol', y geiriau a'r gerddoriaeth yn wreiddiol'.

Bu cydweithio rhwng y ddau nifer o weithiau yn y maes hwn. Yma gwelir Carol Nadolig a gyfansoddwyd ganddynt. Cyhoeddwyd hi yn *Carolau Hen a Newydd*, 1954.

107. Cyflwyno'r Athro Thomas Hudson-Williams am radd, mewn cynulliad yn Neuadd Prichard-Jones, Bangor, Mehefin 1956. Yr oedd T. Hudson-Williams yn ieithydd ac ysgolhaig nodedig. Bu'n Athro Groeg ym Mangor o 1904 i 1940. Cyfieithodd yn helaeth i'r Gymraeg, yn arbennig o'r Rwseg.

108. Gyda Mr a Mrs R.L. Gapper a John Gwilym Jones ym mhriodas Owen Edwards a Shân Emlyn. Bu'r gwasanaeth yng Nghapel Penmount, Pwllheli, Ebrill 24, 1958.

108

107

109

110

109. Yn Southampton Row, Llundain, 1959.

110. Gyda Syr Hector Hetherington a Brynmor Jones mewn cynhadledd yn Dijon, Ffranc, 1959.

111. Plas Penglais, cartref swyddogol Prifathro Coleg Aberystwyth, a fu'n gartref i Thomas ac Enid Parry yn ystod ei gyfnod ef yn y swydd, 1958-1969.

112/113. Y Prifathro a'i briod gyda rhai o'r myfyrwyr, yng ngardd Plas Penglais, Mehefin 1959. Mewn sgwrs gyda Gwyn Erfyl ar y rhaglen deledu *Dan Sylw*, dywedodd iddo gael 'llawer iawn o brofiadau digon diddorol yn y Coleg. . . cyswllt â dynion a chyswllt â phobl ifanc a chyswllt â phobl y tu allan i Gymru, yn Lloegr a'r Cyfandir ac ychydig bach yn yr Amerig ac ati'.

111

114

114. Gyda'i nith Enid yng ngardd Plas Penglais, gwyliau'r haf 1960.

112

113

115a

Ysgrifennwyd gan Thomas Parry ar ôl clywed bod John Gwilym Jones wedi cael damwain car tua Libanus (Sir Frycheiniog) Ebrill 1961.

Peniarth MS.579, t.53

1. Mirein modur cyfnewit
Uchel y voned ay vrit.
Gwae guas a gavas govit.

2. Mirein modur cyfoethoc.
Nit yr eil yw berchennoc.
Gwae guas a gavas gyvoc.

3. Gur a scidiod.py vod vu.
Ai gur chwannoc i gyscu.
Ai gur a gar goryrru.

4. Gur a scidiod. gormod brys heno
E hun yn libanus.
Ar gwaet ar gyrion y grys.

5. Gur a scidiod. ys ef sions.
Yny bu haeach racsanbons.
Ar gwaet ar y draet ay drons.

6. Gur a scidiod. trosod troes.
A mynet am y einioes wael begor
Fangor ar y ungoes.

7. Gur a scidiod. gur gorffwyll
A lysc deupen y ganhwyll.
Namyn duw puy ay dyry pwyll.

Nodiadau

Perthyn y llsgr. i ganol yr 17g , ond y mae'n amlwg ei bod yn gopi o rywbeth llawer hŷn. Y mae'r ymadrodd "mirein modur" yn 1a a 2a yn profi fod yr awdur yn gynefin a phedwaredd gainc y Mabinogi, a gellir ystyried yr ymadrodd yn fenthyciad uniongyrchol. Ar y llaw arall, os yw'r englynion yn perthyn i gyfnod Llywarch Hen, nid amhosibl fod awdur y Mabinogi wedi benthycu oddi ar yr englynion.

2b yr eil yw: O gofio mor hoff oedd y Cynfeirdd(a beirniaid modern) o eiriau mwys, y mae'n amlwg mai cyfeiriad sydd yma at enw'r cerbyd.

3a py vod vu: Nid dyma gystrawen normal Cymraeg Canol, ac felly teg yw tybio fod yr englynion gryn lawer yn hŷn na'r testunau rhyddiaith adnabyddus.

3c a gar: A oes yma air mwys eto? Gan nad oedd yr acen grom wedi ei dyfeisio yn oes y Cynfeirdd, ni ellir bod yn sicr. Unrhyw beth na ellir bod yn sicr yn ei gylch, gellir ei gymryd fel gair mwys.

115b

-2-

4b libanus: Gellir dehongli'r gair hwn mewn dwy ffordd: (1) Os enw lle ydyw,cf.Libanus, ger Rhostryfan, awgrym fod cartref yr arwr yn y rhan honno o'r wlad. Cf.Bangor yn 6c. Y mae hefyd le o'r enw ger Aberhonddu, ond ni fuasai neb yn ei synnwyr mor bell oddi cartref yn hwyr y nos. (2) Dichon mai gwall sydd yma am llebanus, sef ansoddair yn -us o lleban, sef disgrifiad o'r arwr.

5a sions: Nid yw yn y geiriaduron. Yn wyneb "libanus" uchod fe ellid ei gymryd fel enw lle. Cf. Seion ger Caernarfon. Ond anodd deall yr s as y diwedd. Gellid awgrymu benthyg o'r Saes. Jones, ond y mae'r englynion yn amlwg yn rhy gynnar i gyfiawnhau hynny.

5b racsanbons: Gair tywyll eto. Benthyg o'r Ffrangeg efallai. Cf. Ffr. sans "without", a bon "good," Os felly, dyn heb ddim daioni ynddo yw'r arwr. Ond prin y byddai hyn yn gweddu yn y cyswllt.

5c trons: Awgrym arall mai gŵr o Arfon yw'r arwr, oherwydd drafers yw gair y De am y rhan hon o arfogaeth marchog.

6c Fangor: Praw o hynafiaeth y canu. Cf. "gwyr a aeth Gatraeth.'

7c Namyn duw &c: Praw diamheuol fod yr englynion yn perthyn i'r un cyfnod â chanu Heledd.

Y casgliad y deuir iddo yw fod y bardd yn galaru am ryw drychineb a ddigwyddodd i'w arwr. Tebyg mai gŵr o Arfon ydoedd, ac mai yno y digwyddodd yr anffawd(er nad amhosibl ardal Aberhonddu). Pe gellid cael goleuni ar y ffurf sions, dichon y gellid adnabod y gwrthrych. Y mae'n amlwg fod yr arwr yn fyw er gwaethaf y trychineb, ac er bod tinc o gerydd ysgafn yn yr englynion, teg yw casglu fod hynny i'w briodoli i barch dwfn y bardd tuag at ei arwr, a'i bryder yn ei gylch. Cri o galon, yn sicr, yw'r llinell olaf un.

115a/115b. Fel yr eglura'r nodyn ar ben y copi, lluniwyd y gerdd gellwair hon, a'r nodiadau ffug-ysgolheigaidd doniol arni, 'ar ôl clywed bod John Gwilym Jones wedi cael damwain car tua Libanus (*Sir Frycheiniog*) Ebrill 1961'.

116

117

116. Mewn cyfarfod o Bwyllgor Ymchwil ac Addysg Uwch Cyngor Ewrop yn Saragossa, 28 Medi-2 Hydref, 1961.

O'r rhaglen deledu *Dan Sylw*:

Gwyn Erfyl: 'Ond fedra'i ddychmygu amdanoch chi'n diflasu'n llwyr mewn ambell i bwyllgor hir ac yn hiraethu am gael cwmni llawer mwy rhamantus a lliwgar Dafydd ap Gwilym.'
Thomas Parry :'O baswn yn hawdd. Mae yna dyndra yn y fan yna ac mae'n rhaid i chi roi i fewn iddo fo – y tyndra rhwng gweinyddiaeth, pob agwedd arni hi – dilyn pwyllgorau ac ysgrifennu llythyrau, gweld pobl a siarad efo nhw, ceisio datrys problemau bach ac yn y blaen. Mae yna dyndra rhwng hwnnw a'r ddau beth arall rydach chi wedi eu henwi, sef yr ysfa greadigol yma i farddoni dipyn a hefyd yr ysgolheictod.'

117. Ym Mhrifysgol New South Wales, 6 Awst 1962. Gwelir Thomas Parry yn siarad â'r Is-Ganghellor, Dr J.B. Barter.

118

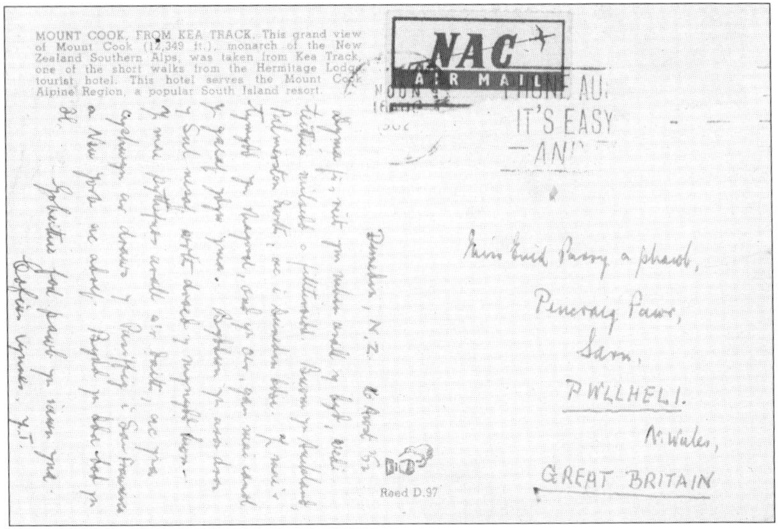

118. Cerdyn post, yn dangos llun o Mount Cook, Seland Newydd, at y teulu yn Llŷn, Awst 1962.

119. Mewn cyfarfod rhyngwladol o academwyr yn y Villa Serbelloni, Ebrill 1963.

120. O flaen y Tŷ Gwyn, ar ymweliad â Washington yn 1964.

121. Llun sy'n llawn o gadernid, trefn a thrylwyredd yr ysgolhaig.

'Hwn oedd canrifoedd yr iaith
Cyfrinach cof yr heniaith'.

Alan Llwyd, 1985

119

120

121

122

122. Llun a dynnwyd gan Gwyneth Trevor Jones yng Ngregynog, adeg Eisteddfod Y Drenewydd, Awst 1965.

123. Copi teipiedig yr awdur o'r cywydd cyfarch i Gwenallt ar ei ymddeoliad, 1966.

123

Gwenallt

Y bardd bach uwch beirdd y byd,
Da ydwyt yn dywedyd,
Dywedyd mai da ydyw
Gwir hanfod ein bod a'n byw.

Diddig gynt oedd prydyddion,
A'u melys gysurus sôn
Am oes aur, am ias hiraeth,
Awel trum neu heli traeth,
Neu nefol hwyl rhyw hen flys -
Difyrrwch edifarus.
Sêr swil a phersawrus wynt
Eu dyriau direwynt,
A siffrwd mêl awelon,
Yn tiwnio'n braf tan ein bron.
Mwyth eu hoen i'n hesmwythau;
Mewn hoen gwrandawem ninnau.

Ond fel brath tost daethost ti,
Yn ddaearol dy ddyri.
Un dwys ei wedd, cennad siom
Ac ing oes; a gwingasom.
Torrodd dy brotest eirias
Ar gwsg hyfryd ein byd bas:
Mai ofer ein gwychter gwael,
Mor ofer â'n hymrafael;
Mai ofer ein gwacter gwych,
A phwdr, wedi craff edrych.
Mwyniannau mân yw ein maeth
A'n duw yw marsiandiaeth.

Dyn â'i gamp ar daen i gyd,
Ei wyddor a'i gelfyddyd;
A'i obaith am adnabod,
O ddawn ei ben, ruddin bod -
Y sêr yn y pellterau,
A'r ffrydli trwy'r gwythi'n gwau -
Hynny oll a enillwyd
Heb ddwfn hedd, heb ddofi nwyd,
Heb geinder na gwylder gwâr,
Na Duw i loywi daear.

Gelwaist ti, er miri mawr
Y dorf yn ei rhuthr dirfawr,
Am arafwch, am rywfaint
O hamdden sagrafen saint,
Am ofn Duw, am fan dawel,
Lle gŵyr, lle clyw a lle gwêl
Pob gŵr mewn difwstwr fyd
Foddau'r nefol gelfyddyd.

Nid o ysgol na choleg
Y tardd dy gelfyddyd deg,
Ond o'th enaid a'th ynni
Byrlymog, dihalog di:
Gorchest awen ddilestair,
Rhwydd gamp yn gwefreiddio gair.

Byd ni fedd ddim rhyfeddach
Na'r ddawn a bair i ddyn bach
Herio'i oes a'i gwyllt rysedd
A'i rhaib oer o'r crud i'r bedd,
Herio dydd aur y didduw,
Am iddo ef amau'i Dduw.
Diwyrgam, sicr dy ergyd,
Hir y bo yn her i'r byd
Dân dy nwyd i'n denu oll
I encil o ddifancoll,
Encil dawel ddihelynt,
Fel a fu'n y Gymru gynt.

Wrth droed ei orsedd heddiw
Yn daer iawn ein hyder yw
Na chlwyfo briw na chlefyd
Y bardd bach uwch beirdd y byd.

Thomas Parry

124

124. Llun a dynnwyd yn Nhŷ'r Staff, Laura Place, o'r Prifathro a'i briod gydag un o ddarlithwyr Rwseg y Coleg a'r Athro Mashinsky, pennaeth y Sefydliad Llenyddiaeth ym Moscow, 20 Ionawr, 1968.

125

125. Agor adeilad newydd Ffiseg a Mathemateg ar safle Penglais. Yn y llun, o'r chwith i'r dde, yr Athro Pennington, yr Athro Reynolds, y Prifathro, Syr Graham Sutton, yr Athro Beynon, a'r Cofrestrydd, Malgwyn Davies.

'Fe godwyd yr holl adeiladau ar Ben-glais, ond dau, yn ystod yr un mlynedd ar ddeg y bûm i'n Brifathro. Nid fi oedd yn cario'r baich, wrth reswm, ond yr oedd yr holl waith ynglŷn â chodi adeiladau a'u dodrefnu, penodi aelodau'r staff, trafod datblygiadau newydd, a dilyn pwyllgorau o bob math, heb sôn am gadeirio'r Comisiwn ar y Brifysgol a phwyllgor arbennig ar lyfrgelloedd prifysgolion, yr oedd y gwaith hwn yn peri nad oedd dyn ddim yn cael amser i ddarllen gweithiau ysgolheigaidd.'

Y Llwybrau Gynt

126

126. Cyflwyno copi o *The Prince and the Principality of Wales* i'r Tywysog Siarl, 19 Mehefin 1969. Yn y llun y mae Fergus Johnson (Is-brifathro), Francis Jones (yr awdur), Y Tywysog Siarl, Thomas Parry a T. Arfon Owen (Cofrestrydd).

Bu hwn yn gyfnod cythryblus yn Aberystwyth, a chafwyd protestio o du'r myfyrwyr ynghylch dyfodiad Siarl i Aberystwyth, a'r cyfan oedd y tu cefn i hynny. ' 'Roedd gen i lawer o gydymdeimlad â hwy, mae hynny'n wir, ac fe gawsant lonydd yng Ngholeg Aberystwyth, nid gen i yn unig ond hefyd gan Awdurdodau'r Coleg, i brotestio fel 'roedden nhw'n dymuno gwneud ac i wneud yn glir eu bod nhw'n anghymeradwyo beth oedd yn mynd i ddigwydd, yn gam neu'n gymwys. . . (ond) i fod yn gwbl onest, cyn belled â bod dyfodiad y Tywysog i Aberystwyth yn y cwestiwn, ro'n i'n falch iawn ei fod o'n dod, dyna beth ddywedais i wrth y myfyrwyr, fwy nag unwaith. Ac os oedd o'n mynd i ddysgu rhywbeth am Gymru ac yn arbennig i ddysgu rhyw gymaint am yr iaith Gymraeg, fel y gwnaeth o, yr oedd o'n rhoi rhyw urddas ar yr iaith, a rhyw sefyllfa i'r iaith ymysg neu yng ngolwg pobl tu allan i Gymru ac yng ngolwg llawer iawn o bobl yng Nghymru hefyd.'

Mewn sgwrs â Gwyn Erfyl yn *Dan Sylw*.

127

127. Un o'r astudiaethau rhagbaratoawl a wnaed gan Alfred Janes yn 1968 ar gyfer y portread a welir yn rhif 128.

128

129

128. Yn y cinio ffarwel a drefnwyd yng Ngholeg Aberystwyth, 1969. Cyflwynwyd iddynt y darlun hwn o waith Alfred Janes.

129. Llun a dynnwyd gan Gwyn Martin o bortread Scott Nisbett o Thomas Parry, Gorffennaf 1969.

130/131. Dwy gerdd o ddau gyfnod, yn ei lawysgrifen ei hun.

130

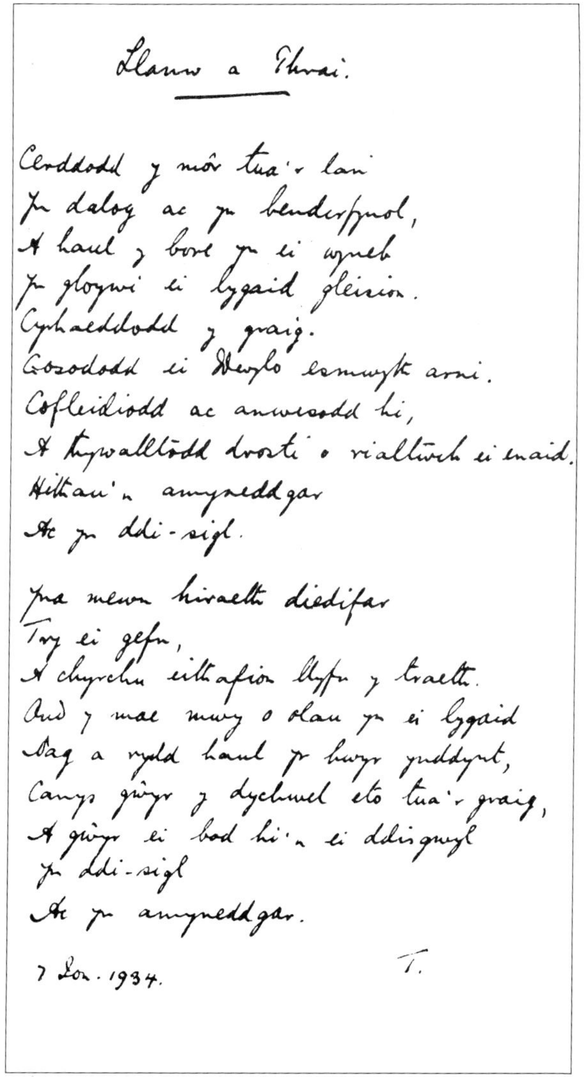

Llanw a Thrai.

Cerddodd y môr tua'r lan
Yn dalog ac yn benderfynol,
A haul y bore yn ei wyneb
Yn gloywi ei lygaid gleision.
Cyrhaeddodd y graig.
Gosododd ei ddwylo esmwyth arni.
Cofleidiodd ac anwesodd hi,
A thywalltodd drosti o rialtwch ei enaid.
Hithau'n amyneddgar
Ac yn ddi-sigl.

Yna mewn hiraeth diedifar
Trodd ei gefn,
A chyrchu eithafion llyfn y traeth.
Ond y mae mwy o olau yn ei lygaid
Nag a rydd haul yr hwyr iddynt,
Canys gŵyr y dychwel eto tua'r graig,
A gŵyr ei bod hi'n ei ddisgwyl
Yn ddi-sigl
Ac yn amyneddgar.

7 Ion. 1934. T.

131

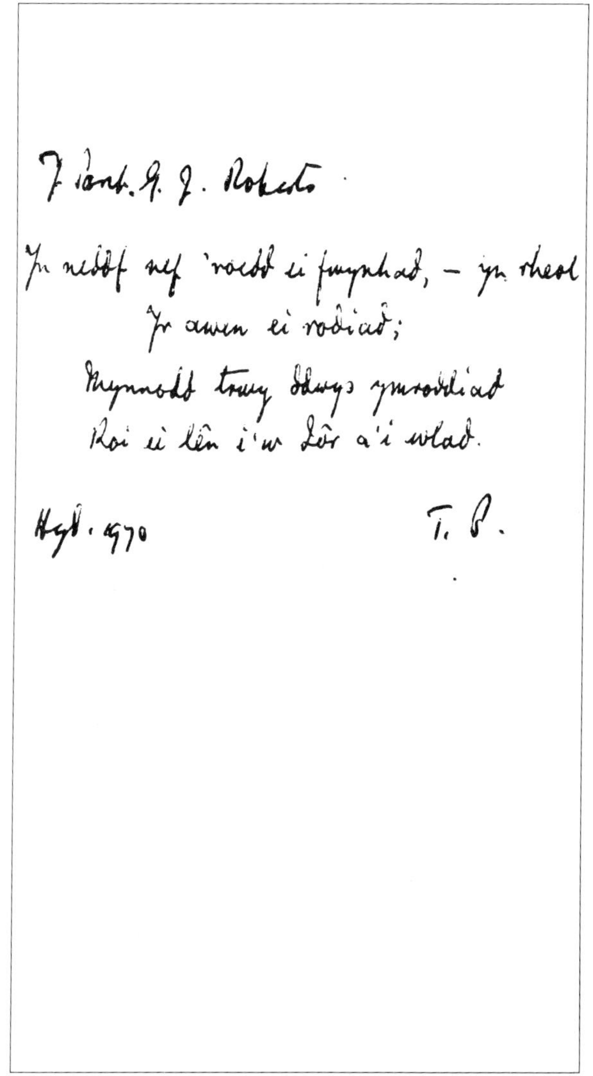

I Brof. G. J. Roberts.

Yn neddf nef 'roedd ei fwynhad, — yn rheol
Yr awen ei rodiad;
Mynnodd trwy ddwys ymroddiad
Roi ei lên i'w Iôr a'i wlad.

Hyd. 1970 T. P.

132

132. Gyda'i gyd-feirniad Gwilym R. Jones yn Eisteddfod Bangor, 1971. Y trydydd beirniad oedd William Morris. Cadeirwyd Emrys Roberts, am ei awdl '*Y Chwarelwr*'. Dywedodd Gwilym R. Jones am Thomas Parry 'bod ganddo'i lais arbennig ei hun a'i ddull unigryw o gyflwyno'i neges'. *Barddas*, Mehefin 1985.

133. Y Llywydd a'i Gyngor, Llyfrgell Genedlaethol Cymru, 1971.

133

CYNGOR LLYFRGELL GENEDLAETHOL CYMRU HYDREF 1971
NATIONAL LIBRARY OF WALES COUNCIL OCTOBER 1971

Rhes gefn. Dr. Glyn Tegai Hughes, Mr. D. Bryn Lloyd, Mr. Leslie M. Rees, Mr. H. Turner Evans, Yr Athro Emeritus D. W. T. Jenkins, Mr. J. Gareth Thomas, Y Prifathro Syr Goronwy Daniel, Mr. W. J. Philipps Williams, Syr Ben Bowen Thomas, Yr Uch Gapten Francis Jones, Yr Athro J. Gwynn Williams, Mr. Geraint Bowen.

Yr ail res. Mrs. Eluned Morris, Yr Athro R. Geraint Gruffydd, Yr Athro J. E. Caerwyn Williams, Y Parchedig J. Jones-Davies, Yr Uch Gapten Herbert Lloyd-Johnes, Mrs. Helen Ramage, Yr Athro A. O. H. Jarman, Dr. William Thomas, Miss Huldah Bassett, Dr. Emyr Wyn Jones, Y Cynghorwr T. R. Davies.

Y rhes gyntaf. Miss Beatrice Davies, Mrs. K. Idwal Jones, David Jenkins (*Llyfrgellydd*), Yr Athro Idris Ll. Foster (*Trysorydd*), Dr. Elwyn Davies (*Is-Lywydd*), Dr. Thomas Parry (*Llywydd*), Syr Thomas Parry-Williams (*Cyn-Lywydd*), Dr. Mary Williams, Syr David L. Evans, Yr Athro G. Melville Richards.

134

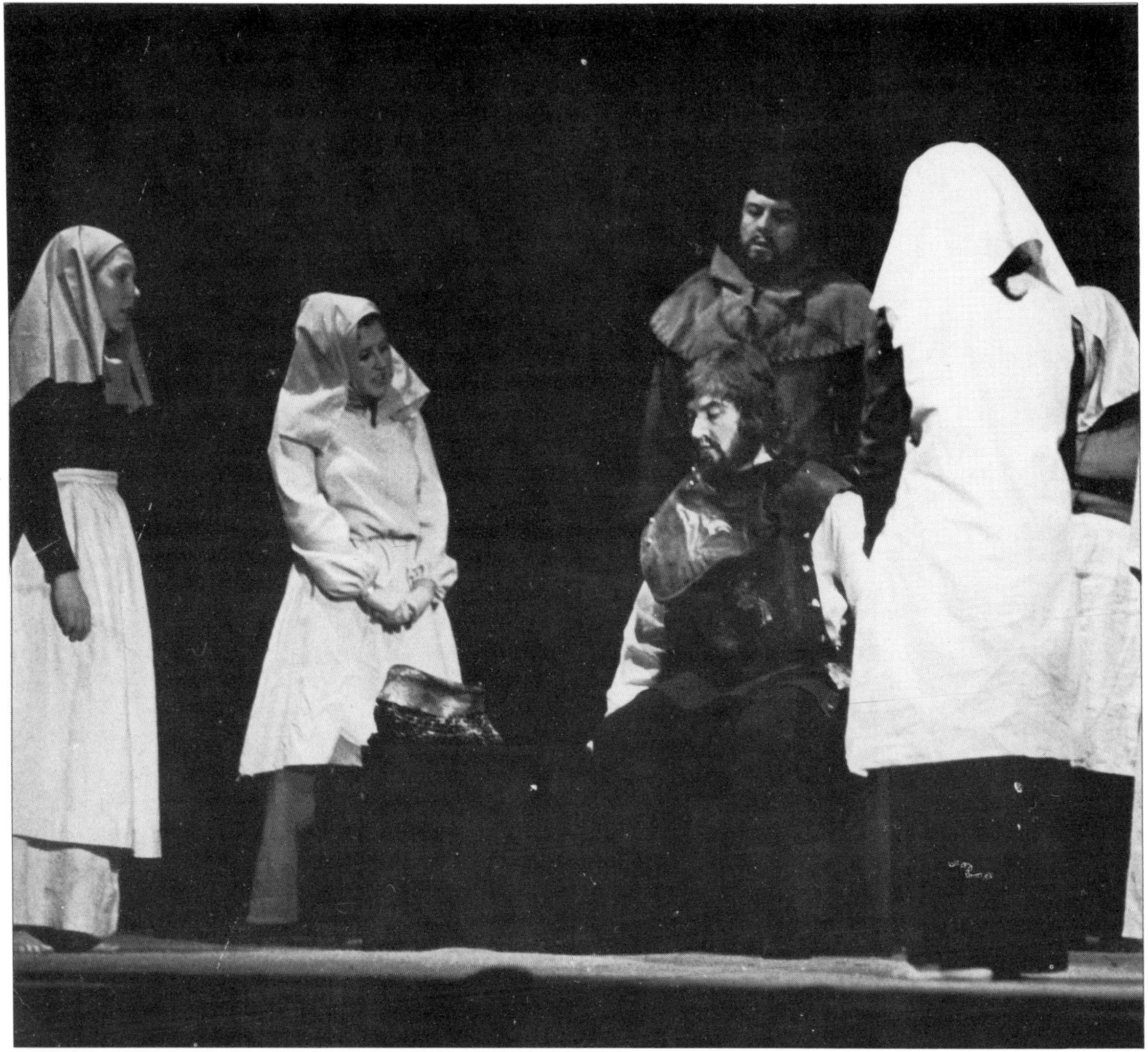

134. Cynhyrchiad Cymdeithas y Ddrama Gymraeg, Coleg y Brifysgol, Bangor, o *Llywelyn Fawr*, drama fydryddol Thomas Parry, yn 1972. Yr oedd John Gwilym Jones newydd ymddeol o'i swydd yn y Coleg, ond daeth yn ôl i gynhyrchu'r ddrama. Perfformiwyd hi gyntaf ym Mangor yn 1951.

'Heddiw, pan yw dialog realistig yn bopeth, anaml y sonnir am y ddrama, ond mae yn hon hydau o fydryddiaeth gwirioneddol eneiniedig, – yng ngeiriau'r côr, er enghraifft, – darnau nad oes eu hafal yn y Gymraeg o ran ymchwydd rhythmig.'

Bedwyr Lewis Jones, 1985

135

135. Mewn cinio o roddwyd gan Syr Goronwy Daniel yn Neuadd Pen-bryn, Aberystwyth, ar achlysur traddodi darlith gyhoeddus yn y Coleg ar D. Silvan Evans, 1818-1903, geiriadurwr ac Athro Cymraeg cyntaf y Coleg, gan Thomas Parry, 16 Chwefror 1972. Cynnwys y llun bump o Athrawon Cadeiriol y Gymraeg ym Mhrifysgol Cymru. Yn y llun, o'r chwith i'r dde: Goronwy Daniel, Thomas Parry, Thomas Jones, J.E. Caerwyn Williams, T.H. Parry-Williams, R. Geraint Gruffydd; Enid Parry, Amy Parry-Williams, Eluned Gruffydd, Gwen Caerwyn Williams, Valerie Daniel, Mair Jones.

136

138

136. Dadorchuddio'r maen coffa i Ddafydd ap Gwilym ym Mrogynin, Gogledd Ceredigion. Gwaith Ieuan Rees o Landybïe yw'r llythrennu eithriadol o hardd a welir ar y gofeb.

Yn y llun hefyd gwelir Mr David Jenkins, yr Athro Bobi Jones, a Dr Rachel Bromwich.

137. Yng nghwmni John Gwilym Jones. Yn y cefndir gwelir yr Athro Melville Richards.

138. Y paentiad olew a wnaed gan Kyffin Williams.

137

139

139. Wrthi'n astudio copi rhwymedig o gyfrol gyntaf Geiriadur Prifysgol Cymru, gyda Mr Stanley Williams, prif glerc Gwasg y Brifysgol. Thomas Parry oedd Cadeirydd Bwrdd y Wasg pan gyhoeddwyd y gyfrol.

140

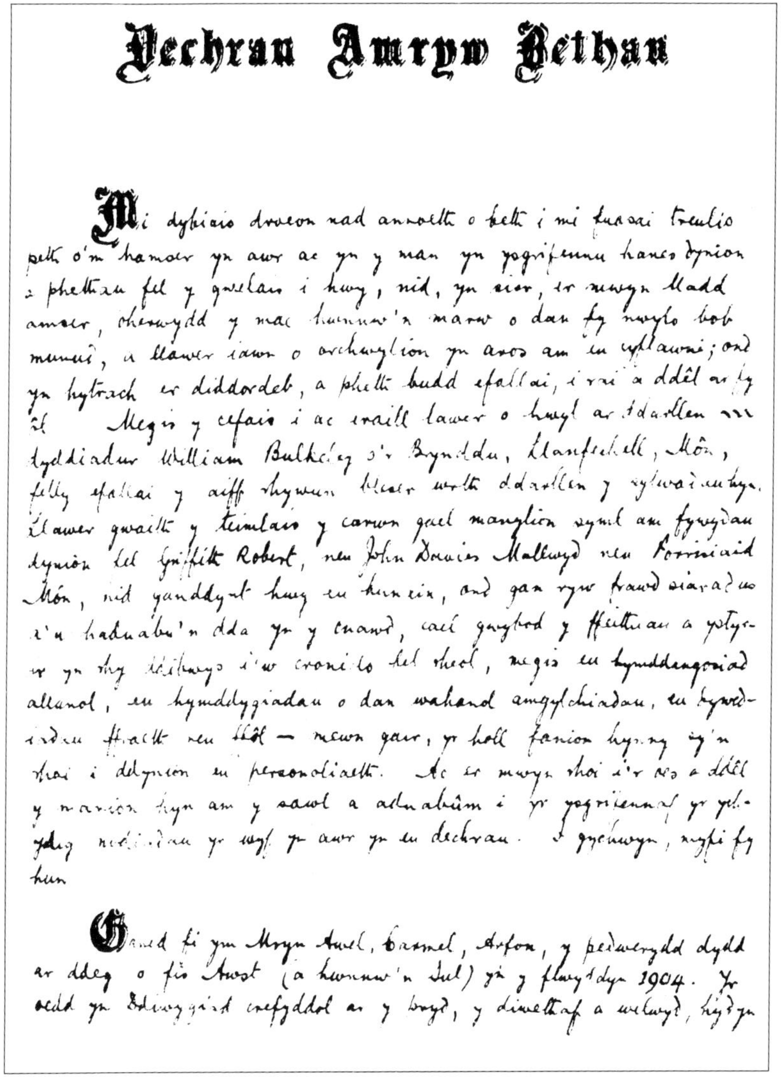

Dechrau Amryw Bethau

Mi dybiais droeon nad annoeth o beth i mi fuasai treulio peth o'm hamser yn awr ac yn y man yn ysgrifennu hanes dynion a phethau fel y gwelais i hwy, nid, yn sicr, er mwyn lladd amser, oherwydd y mae hwnnw'n marw o dan fy nwylo bob munud, a llawer iawn o orchwylion yn aros am eu cyflawni; ond yn hytrach er diddordeb, a pheth budd efallai, i rai a ddêl ar fy ôl. Megis y cefais i ac eraill lawer o hwyl ar ddarllen yn nyddiadur William Bulkeley o'r Brynddu, Llanfechell, Môn, felly efallai y caiff rhywun bleser wrth ddarllen y sylwadau hyn. Llawer gwaith y teimlais y carwn gael manylion syml am fywydau dynion fel Griffith Robert, neu John Davies Mallwyd neu Forrisiaid Môn, nid ganddynt hwy eu hunain, ond gan ryw frawd siaradus a'u hadnabu'n dda yn y cnawd, cael gwybod y ffeithiau a ystyrir yn rhy ddibwys i'w cronicl(o) fel rheol, megis eu hymddangosiad allanol, eu hymddygiadau o dan wahanol amgylchiadau, eu hynodiadau ffraeth neu ffôl — mewn gair, yr holl fanion hynny sy'n rhoi i ddynion eu personoliaeth. Ac er mwyn rhoi i'r rhai a ddêl y manion hyn am y sawl a adnabûm i yr ysgrifennaf yr ychydig nodiadau yr wyf yn awr yn eu dechrau. I gychwyn, myfi fy hun

Ganed fi yn Mryn Awel, Carmel, Arfon, y pedwerydd dydd ar ddeg o fis Awst (a hwnnw'n Sul) yn y flwyddyn 1904. Yr oedd yn ddiwygiad crefyddol ar y byd, y diwethaf a welwyd, hyd yn

140. Tudalen gyntaf yr hunangofiant anorffen, *Dechrau Amryw Bethau.*

141

141. Syr Idris Foster yn cyflwyno Medal Anrhydeddus Gymdeithas y Cymmrodorion i Thomas Parry, 27 Mawrth, 1976.

'Y mae'r achlysur hwn y prynhawn yma, yn fy marn i, yn deyrnged i ysgolheictod yng Nghymru, ac yn arwydd fod Cymdeithas y Cymmrodorion, yn unol â'i siarter ar y dechrau a'r amcanion a fwriadwyd gan ei sylfaenwyr, yn dal i barchu'r ymchwil am y goleuni parthed y Gymraeg a'i llenyddiaeth a hanes Cymru.'

Geiriau'r Athro T.J. Morgan wrth gyflwyno Thomas Parry yn y cyfarfod.

142. Ar yr un achlysur, o'r chwith i'r dde: Syr Idris Foster, Elwyn Davies, Thomas Parry, John Morris, David Jenkins.

142

143. Llun cartŵn gan Tegwyn Jones.

I'r Cyn-Brifathro Thomas Parry, D.Litt,
pan ddyfarnwyd iddo radd Ll.D. er anrhydedd
Prifysgol Cymru.

D.Litt ond yn dal ati; – doi heibio'n
Ddoctor dwbwl harti.
Oes perygl, Thomas Parry,
Y doi i daith yn D.D.?

Derwyn Jones

I gydnabod

Nid prifysgol trwy arholi – a rydd
Y radd honno imi
I ddyn a wna ddaioni
Rhodd Duw Dad yw gradd D.D.

Thomas Parry

144

EWCH I NÔL CHARLES AR UNWAITH, A GOFYNNWCH IDDO OS YW E'N COFIO YCHYDIG O LINELLE O WAITH DAFYDD AP GWILYM . . .

144. Cartŵn arall gan Tegwyn Jones, ar achlysur urddo Thomas Parry yn farchog, 1978.

145

145. 'Tom Parry wedyn. Syth fel sowldiwr. Cadarn a digyfaddawd ei farn a pherffeithydd yn ei drylwyredd. Roedd ei glywed yn mynd trwy ei bethau yn y Steddfod Genedlaethol yn gwneud i rywun deimlo'n falch o'i dreftadaeth. Dim nonsens. Dim ffrils. Dim chwarae mig â safonau crefft ac iaith. Steil – yn ei safiad, ei gerdded a'i draethu.'

Gwyn Erfyl yn Y *Faner*, 3 Ionawr,1986

146

146. Gyda'i gyd-feirniaid Emrys Roberts ac Alan Llwyd yn Eisteddfod Caernarfon, 1979, a'r olwg benisel sydd ar y tri yn rhagfynegi'r dyfarniad: 'Ac un o'r dyletswyddau tristaf a diflasaf a wneuthum i erioed yw datgan y ddedfryd nad oes neb yn deilwng o gadair yr Eisteddfod Genedlaethol eleni, ac y mae fy nau gydfeirniad yn cytuno.'

147

149a

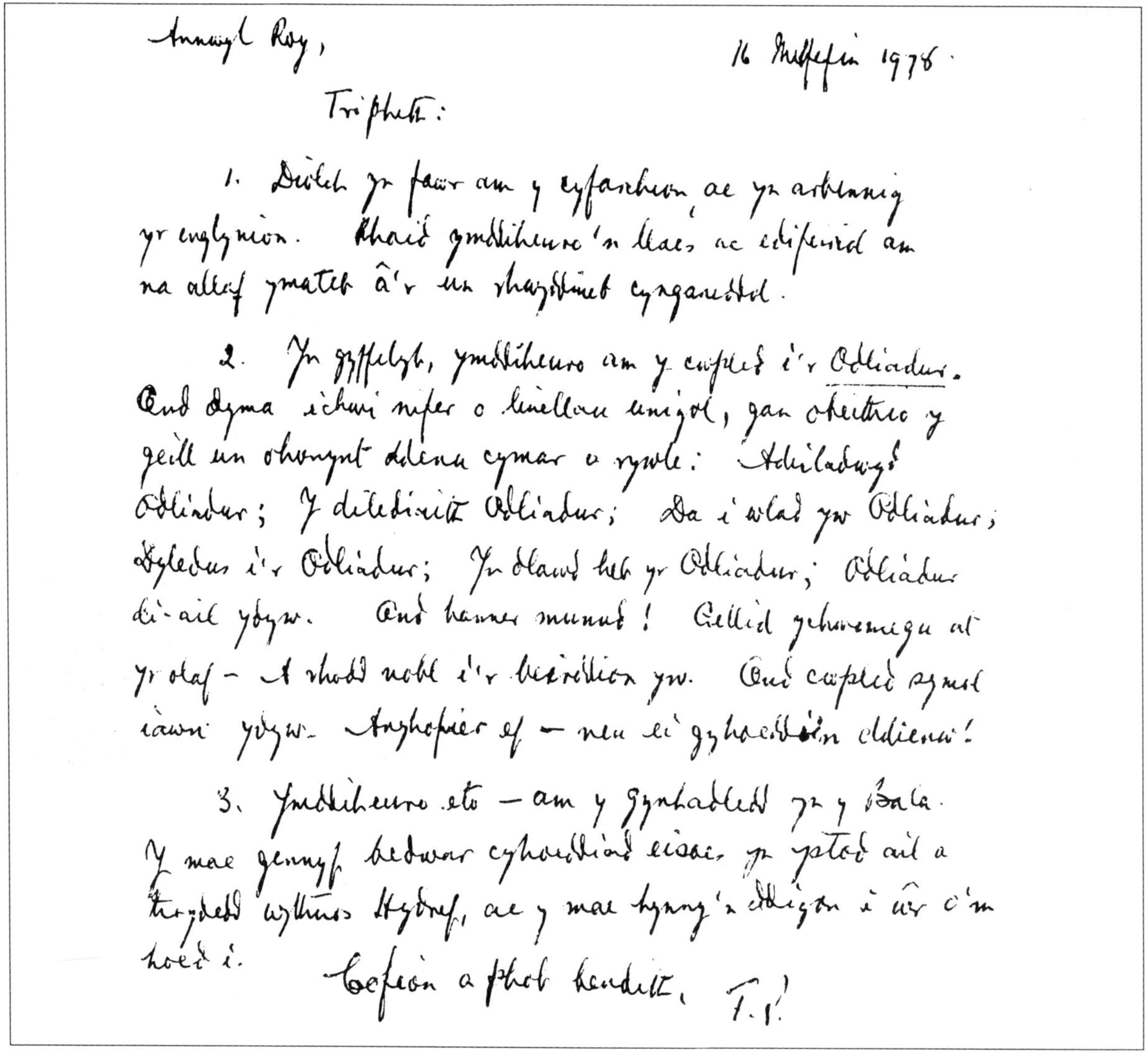

Annwyl Roy,

16 Mehefin 1978.

Tripheth:

1. Diolch yn fawr am y cyfarchion, ac yn arbennig yr englynion. Rhaid ymddiheuro'n llaes ac edifeiriol am na allaf ymateb â'r un rhagoriaeth cynganeddol.

2. Yn gyffelyb, ymddiheuro am y cwpled i'r <u>Odliadur</u>. Ond dyma ichwi nifer o linellau unigol, gan obeithio y geill un ohonynt ddenu cymar o rywle: Adeiladwyd Odliadur; Y ddiledieithr Odliadur; Da i wlad yw Odliadur; Dyledus i'r Odliadur; Yn dlawd heb yr Odliadur; Odliadur di-ail ydyw. Ond hanner munud! Gellid ychwanegu at yr olaf – A rhodd nobl i'r beirddion yw. Ond cwpled syml iawn ydyw. Anghofier ef – neu ei gyhoeddi'n ddienw!

3. Ymddiheuro eto – am y gynhadledd yn y Bala. Y mae gennyf bedwar cyhoeddiad eisoes yn ystod ail a thrydedd wythnos Hydref, ac y mae hynny'n ddigon i ŵr o'm hoed i.

Cofion a phob bendith,

T.P.

148

147. Wrthi'n paratoi i draddodi ei sylwadau yn y Babell Lên, Eisteddfod Caernarfon, 1979. Ar y wal y tu ôl iddo mae llun o Anthropos, 1853?-1944, y gweinidog, y llenor, a'r newyddiadurwr a gysylltir â thref Caernarfon.

148. Gyda'r Athro J.E. Caerwyn Williams mewn cyfarfod i ddathlu tri chwarter canmlwyddiant y Llyfrgell Genedlaethol.

149a. Ateb i lythyr a anfonwyd ato gan Roy Stephens, yn gofyn, ymysg pethau eraill, am gwpled i'w roi ar gefn yr *Odliadur*.

149b. Pedwar Llyfrgellydd Cenedlaethol: David Jenkins, R. Geraint Gruffydd, E.D. Jones a Thomas Parry.

149b

150

150. Y tair nith: Enid ar ddydd ei phriodas, gyda Siân a Mai.

151

151. Gruffudd Parry. Awdur toreithiog ar gyfer y radio a'r teledu, cyfieithydd O'Casey a Synge i'r Gymraeg, a llenor o'r radd flaenaf. Cyfrifir ei lyfr *Crwydro Llŷn ac Eifionydd* yn un o glasuron rhyddiaith ddiweddar.

Bu'n athro Saesneg yn Ysgol Botwnnog am 37 mlynedd, cyn ymddeol yn 1976.

152. Y Fonesig Enid Parry, 1986.

152

153. Tynnwyd y llun hwn yn Ebrill 1981. Bu farw Syr Thomas 22 Ebrill, 1985.

153

Syr Thomas Parry

ar ei bedwarugeinfed pen-blwydd
(Cerdd a gomisiynwyd gan yr Academi Gymreig)

Ymlawenhawn am lyw'n hiaith, Urien dysg
Tarian deg ein talaith,
Awenydd a meistr rhyddiaith,
Lleufer mawr, llafuriwr maith.

Un a gâr lên ein gwerin, arwyrain
Arwrol Taliesin,
Hen ganu bardd Brogynin,
Hoff winllan ei gwpan gwin.

Ystafell ei lyfrgell lân oedd aelwyd
Ddielwch Cynddylan,
Hen wylofus gyflafan
Ddoe fu'r gwae a leddfai'r gân.

Gwelodd yr eurog Elen yn hudo
Y breuddwydiwr, Macsen,
Y ddôl lle cerddodd Olwen,
A daear fedd y dref wen.

Wylodd ar lannau Alaw, a rhannodd
Gyfrinach Aberffraw
Ddydd llwyd, pan glywwyd y glaw
A deri yn ymdaraw.

Athro a phrifathro fu, canllaw dawn,
Cannwyll dros ein Cymru,
Gwyliwr y tŵr ar bob tu
A'n byddin rhag ein baeddu.

Geraint Bowen

154

BARDDAS

Llinyn byw pellen ein bod
Yw edefyn Cerdd Dafod.

GAIR I'CH ATGOFFA
CYSTADLEUAETH
TLWS BARDDAS

Tri chylch o englynion ar y thema 'Cymeriadau'

Beirniad: T. LLEW JONES

Gwobr: £50

Dyddiad Cau: Mehefin 30

Anfoner y cynigion at Ysgrifennydd y Gymdeithas

RHIF 98 MEHEFIN 1985 PRIS I'R CYHOEDD: 75c

J. E. CAERWYN WILLIAMS YN COFFÁU

Syr Thomas Parry

14 Awst 1904 – 22 Ebrill 1985

Ym marwolaeth Syr Thomas Parry collodd Cymru un o'i meibion disgleiriaf yn y ganrif hon.

Fe'i ganed yn fab i Richard a Jane Parry, Carmel, yn yr hen sir Gaernarfon. Chwarelwr oedd Richard Parry, ond fel yr eglurodd Thomas Parry, ei fab hynaf, yn ei ddarlith *Tŷ a Thyddyn* (1972), ni fuasai wedi gallu anfon ei dri mab i goleg prifysgol oni bai ei fod ef a'i wraig wedi bod hefyd yn ffarmio ar raddfa fechan. Cyn iddo fynd i'r chwarel, yr oedd wedi bod yn llongwr a gwneud dwy daith i San Ffransisco rownd yr Horn. Diau fod y profiad hwnnw wedi ei wneud yn ŵr arbennig ymysg ei gyd-chwarelwyr. 'Roedd yn hanner brawd i dad T. H. Parry-Williams ac i dad R. Williams Parry, a rhaid bod ei blant wedi sylweddoli'n gynnar eu bod yn perthyn i dylwyth anghyffredin.

Dangosodd Thomas Parry yn gynnar iawn ei fod yn fwy amryddawn ac yn fwy galluog na'r rhelyw o'i gyfoeswyr yn yr ysgol elfennol — Penfforddelen, y Groeslon —, yn yr ysgol sir — Ysgol Sir Pen-y-Groes —, ac yn y coleg — Coleg Prifysgol Gogledd Cymru, Bangor —, lle'r enillodd gadair am awdl yn Eisteddfod Myfyrwyr Bangor, lle'r etholwyd ef yn llywydd Cyngor Cynrychioliadol y Myfyrwyr, a lle graddiodd gydag Anrhydedd y Dosbarth Cyntaf yn y Gymraeg ac Atodol Lladin.

Penodwyd ef yn ddarlithydd yng Ngholeg y Brifysgol, Caerdydd, yn syth ar ôl iddo raddio, ac yno y bu am dair blynedd (1926-29) yn brysur ryfeddol yn darlithio ar y Gymraeg a'r Lladin ac yn paratoi ei draethawd M.A. ar 'Fywyd a Gwaith Dr. Siôn Dafydd Rhys', fel, pan ddaeth angen darlithydd yn Adran y Gymraeg Coleg y Brifysgol, Bangor, ar farwolaeth John Morris-Jones ef oedd y dewis amlwg ac anochel.

Er bod yr adran honno dan ei dau athro, John Morris-Jones ac Ifor Williams, a'i darlithydd rhan-amser, R. Williams Parry, eisoes wedi cyrraedd anterth ei nerth, llwyddodd Thomas Parry i wneud ei farc arni ac ynddi yn sydyn iawn. Mae'n hysbys i bawb bellach ei fod ef wedi ei brofi ei hun yn well addysgydd ac yn well gweinyddwr na'r ddau athro blaenorol, a'i fod wedi dangos y gallai gystadlu â Syr John fel bardd ac â Syr Ifor fel llenor rhyddiaith. 'Roedd Syr John wedi ennill clod cydwladol am ei weithiau, *A Welsh Grammar*, *Taliesin* a *Cherdd Dafod*, ac yr oedd Syr Ifor i ennill clod cyffelyb am ei olygiad o *Pedeir Keinc y Mabinogi*, a'i oblygiadau o *Canu Llywarch Hen*, *Canu Aneirin* a *Chanu Taliesin*. Ymddangosai'n dasg amhosibl i neb gynhyrchu *magna opera* a allai gystadlu â'r rheini, ond dyna'n union a wnaeth Thomas Parry, a hynny mewn cyfnod cymharol fyr. Cafwyd ganddo ei *Hanes Llenyddiaeth Gymraeg Hyd 1900* a *Gwaith Dafydd ap Gwilym* ar ôl dangos i'r byd beth a allai wneud yn ei gyfres ddarlithiau *Baledi'r Ddeunawfed Ganrif*. Rhoes cynhyrchu'r *magna opera* hyn arbenigrwydd ar Adran y Gymraeg ym Mangor, arbenigrwydd y cymerodd lawer o amser i awdurdodau'r Coleg ei sylweddoli, os ydynt yn wir wedi ei lawn sylweddoli hyd heddiw. Wrth gwrs, ffolineb fyddai honni fod yr un gogoniant yn perthyn i bob un o'r *magna opera* hyn, ond y rhagor sy'n perthyn i rai Thomas Parry ydyw eu bod yn gynnyrch gwell cyfathrebwr na'i ddau flaenorydd. Mewn geiriau eraill, yr oedd yn well addysgydd na hwy, ffaith y daeth ei fyfyrwyr i'w gwerthfawrogi'n fuan iawn.

Ond yr oedd y darlithydd ifanc a ddaeth yn ei dro yn Athro (1947-53), nid yn unig yn addysgydd eithr hefyd yn weinyddwr tan gamp, ac yn weinyddwr yn y coleg yn ogystal ag yn yr Adran, oblegid bu am dymor yn ysgrifennydd y Senedd.

Heblaw hyn oll, cymerodd ran flaenllaw yng ngweithgareddau'r myfyrwyr, yn enwedig yng ngweithgareddau'r Gymdeithas Ddrama Gymraeg. Ar ei chyfer hi y cyfieithodd *Murder in the Cathedral* T. S. Eliot dan y teitl *Lladd wrth yr Allor*, ac y cyfansoddodd ei ddrama ei hun *Llywelyn Fawr*. Mae'r ddau waith hyn yn tystio i ryw doreithio rhyfeddol yn ei alluoedd fel llenor; mae'n union fel petai ei ymgynefino â chlasuron y Gymraeg o'r cyntaf hyd y diwethaf, ac yn arbennig ei ymgynefino â gwaith Dafydd ap Gwilym, y mwyaf o'n beirdd, wedi rhoi iddo feistrolaeth ar y Gymraeg nas gwelwyd ond yn anaml yn hanes ein llên.

Hawdd yw deall felly siom rhai pobl na allodd Thomas Parry wrthsefyll y sialens i fynd yn llyfrgellydd y Llyfrgell Genedlaethol ym 1953, er ei fod wedi gwrthod y gwahoddiad i fod yn gofrestrydd y coleg ym Mangor. Ar y llaw arall, o gofio ei wladgarwch a'i genedlgarwch, hawdd yw deall pam y derbyniodd y sialens honno. Beth gwell ydyw i ni fel Cymry gwyno mai Saeson a benodir i'n prif swyddi cenedlaethol pan na cheir Cymry'n barod i'w derbyn? Ond boed a fo am hynny, bu Thomas Parry'n llyfrgellydd llwyddiannus dros ben, ac yn arbennig wrth hyrwyddo buddiannau'r Llyfrgell fel un o lyfrgelloedd hawlfraint y deyrnas, ac wrth ysbarduno aelodau'r staff i gymryd mwy o gyfrifoldebau ac i ymegnïo i fod yn arbenigwyr, bob un yn ei faes.

Fel aelod o Gyngor Coleg Prifysgol Cymru, Aberystwyth, 'roedd Thomas Parry yn gwybod am holl helyntion y sefydliad yn y cyfnod hwn,

Parhad ar dudalen 2

Dau a gollwyd yn ddiweddar: Syr Thomas Parry a W. D. Williams adeg dadorchuddio cofeb i J. T. Jones.

154. Clawr rhifyn Mehefin 1985 o *Barddas* gydag erthygl goffa J.E. Caerwyn Williams. Yn yr ysgrif, pwysleisir cyfraniad Thomas Parry i gelfyddyd Cerdd Dafod: 'y mae'n werth atgoffa darllenwyr *Barddas* fod ganddo o'r dechrau ddiddordeb dwfn iawn yng nghelfyddyd cerdd dafod, ac fel pwnc ysgolheictod academig yn ogystal ag fel celfyddyd i'w hymarfer.'

155. Clawr *Llais Llyfrau*, Haf 1985: Mae'r pennawd 'Colli'n Cewri' yn cyfeirio at y colledion a gafwyd yn Nghymru ddechrau 1985. Yng ngeiriau'r golygydd, Rheinallt Llwyd, 'onid yw'r 'Beili Angau', bob hyn a hyn, fel petai'n cael hwyl aruthrol yn manteisio ar gyflwr gwanllyd y genedl, ac yn dwyn ymaith ei chelfi? Ac nid o'r gegin gefn yn unig: nid oes unman yn saff rhagddo. . . Yng ngerwinder Chwefror fe ddygodd ymaith Y Prifardd W.D. Williams; ym Mawrth fe gipiodd John Eilian oddi wrthym ac yna o fewn rhyw bythefnos i'w gilydd yn Ebrill fe gollasom Dr Kate Roberts, Syr Thomas Parry a Harri Gwynn. Pump o bobl a fu'n amlwg iawn, mewn gwahanol ffyrdd, yn ein bywyd llenyddol a diwylliannol dros flynyddoedd maith. Colli pump o Gymry naturiol a fagwyd mewn cymdeithasau lle'r oedd yr iaith Gymraeg yn rhywiog a chyhyrog a glân'.

155

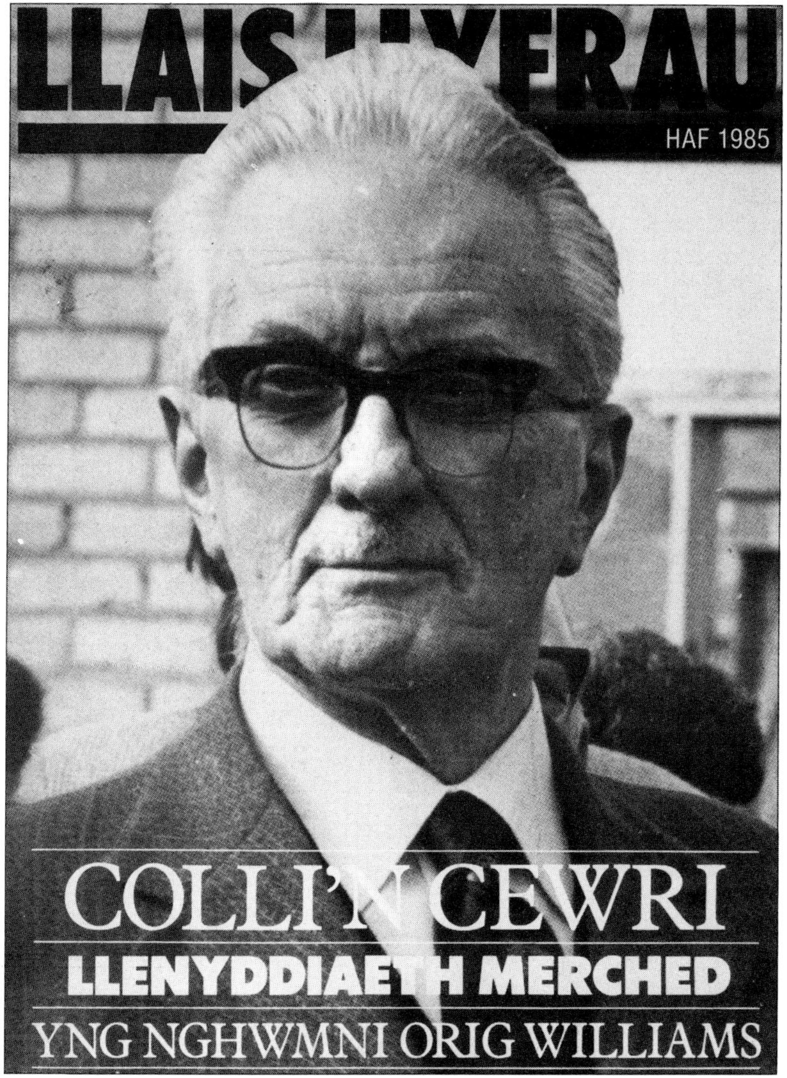

Syr Thomas Parry

Ar gadarn gaer ergydiwyd – a'r praffaf
O'r preiffion a gwympwyd;
Cyfaill mawr roed i'r llawr llwyd
A derwen Dysg a dorrwyd.

O roi y cawr fu'n gaer cyd,
Aruthr gawr iaith i'r gweryd,
Mae rhan fawr o Gymru'n fud.

Mathonwy Hughes

Syr Thomas Parry

Mae'r dewrder? Mae'r awdurdod? Urien oedd;
Tarian wâr Cymreictod;
Gwardiai'n hiaith, ni'r gwŷr di-nod,
Hector ein hysgolheictod.

Gwynn ap Gwilym

Syr Thomas Parry

O Garmel, ar ymweliad
Â murddun di-lun dy wlad,
Rhythaist, a gwelaist y gwyll
Yn dew mewn stafell dywyll,
Lle'r tân a llawr y tiwnio
Dan orchudd cudd yn y co'.

Goleuaist – nid wylaist ti –
'R hen aelwyd i'w chorneli,
Chwythu'r llwch â'th eiriau llym
O hen goleg mab Gwilym
Gan agor hyd y gorwel
Ddrysau ddoe i'r oesoedd ddêl.

Roy Stephens

156

156. Copaon Eryri: Pen yr Olau Wen o'r Garn.

Y mae rhai o'm gwŷr
Ar Fwlch y Ddeufaen, a Phen yr Olau Wen,
Ar gopa'r Drysgol Fawr, ac ar lethrau'r Llwytmor,
Rhai yn ysgrythu dan y prysgwydd, rhai
Mewn corsydd lleidiog, a phob un yn gwylio.

Nid oes un Sais
Rhwng yma ac Aberffraw – Pentir, Glasinfryn,
Penchwintan; y mae afon Fenai'n las
A chynnes dan ysgraff Porthaethwy heno.
Ac o dueddau Môn gwelir yr haul
Yn gwneud Eryri'n dapestri o liw
A'r hafnau'n lleiniau duon ar y porffor –
Creigiau Eryri, noddfa Cymru erioed,
Cademid Gwynedd a'i bythol obaith hi.
Dan fendith Duw a'r Forwyn, a thra bo
Y taeog a'r tywysog yn gytûn,
Ni reibia Sais byth mo'r mynyddoedd hyn.

Geiriau Llywelyn yn act gyntaf

Llywelyn Fawr.

Rhai dyddiadau

1904	Ei eni yng Ngharmel, Arfon.
1910	Mynd i Ysgol Elfennol Penfforddelen.
1916	Mynd i Ysgol Sir Pen-y-groes.
1922	Cychwyn yng Ngholeg Bangor.
1926	Graddio, wedi colli blwyddyn o goleg oherwydd salwch.
1926	Ei benodi'n union wedyn yn ddarlithydd mewn Cymraeg a Lladin yng Nghaerdydd.
1929	Dychwelyd i Fangor yn ddarlithydd.
1932	Llunio awdl 'Mam', a oedd yn 'rhyw newydd i ennill Cadair'.
1936	Priodi Enid Picton Davies o Gaerdydd.
1947	Ei benodi i Gadair y Gymraeg ym Mangor.
1953	Symud i Aberystwyth yn Llyfrgellydd Cenedlaethol.
1958	Ei benodi'n Brifathro Colege Prifysgol Cymru, Aberystwyth.
1958-60	Cadeirydd Cyngor yr Eisteddfod.
1959	Ei ethol yn Gymrawd yr Academi Brydeinig.
1968	Derbyn gradd D.Litt. er anrhydedd mewn Llenyddiaeth Geltaidd gan Brifysgol Genedlaethol Iwerddon.
1969	Ymddeol, a dychwelyd i Fangor i fyw.
1969-77	Llywydd y Llyfrgell Genedlaethol.
1970	Cael gradd Ll.D. gan Brifysgol Cymru, er anrhydedd.
1976	Derbyn Medal Aur Cymdeithas y Cymmrodorion.
1978-82	Llywydd y Cymmrodorion.
1978	Ei urddo'n farchog.
1985	Bu farw ar 22 Ebrill yn ei gartref, Y Gwyndy, Bangor. Traddodwyd anerchiad coffa yn ei angladd gan ei gyfaill oes, John Gwilym Jones.

Rhai o'i weithiau

Ceir rhestr lawn o weithiau Thomas Parry yn *Ysgrifau Beirniadol X*, gol. J.E. Caerwyn Williams 1977, wedi ei pharatoi gan Elen Owen.

1930	Cyfieithiad (gyda R.H. Hughes) o *Hedda Gabler*.
1930	gol. *Theater du Mond: Gorsedd y Byd* gan Rhosier Smyth.
1932	*Cerddi'r Lleiafrif* (gydag Amanwy) yn cynnwys awdl 'Mam'.
1933	*Y Saint Greal.*
1935	*Baledi'r Ddeunawfed Ganrif.*
1943	*Eisteddfod y Cymry.*
1945	*Hanes Llenyddiaeth Gymraeg hyd 1900.*
1945	*Llenyddiaeth Gymraeg 1900-1945.*
1948	*Hanes Ein Llên*: braslun o hanes llenyddiaeth Gymraeg o'r cyfnodau bore hyd heddiw.
1949	*Lladd wrth yr Allor*, cyfieithiad o *Murder in the Cathedral* gan T.S. Eliot.
1951	*Llywelyn Fawr* (cyhoeddwyd yn 1954).
1952	*Gwaith Dafydd ap Gwilym.*
1958	*John Morris-Jones, 1864-1929.*
1962	gol. *The Oxford Book of Welsh Verse.*
1972	*Tŷ a Thyddyn.*
1972	*Y Llwybrau Gynt*, yn *Atgofion* (Tŷ ar y Graig)
1976	(gyda Merfyn Morgan) *Llyfryddiaeth Llenyddiaeth Gymraeg.*

Bu hefyd yn goruchwylio iaith a mynegiant y cyfieithiad newydd o'r Beibl, hyd ei farw yn 1985.

Ffynonellau a diolchiadau

Trefnwyd y lluniau, yn fras, yn nhrefn amser. Weithiau serch hynny bernais mai doethach fyddai dilyn un thema neu gyfres o luniau i'r pen draw cyn ailafael yn y drefn amseryddol.

Diolchaf i Gymdeithas Gelfyddydau Gogledd Cymru am y gwahoddiad i olygu'r llyfr hwn, ac i Gyngor Celfyddydau Cymru am ei gyhoeddi. Cefais gymorth parod dau o'r swyddogion, sef Mrs Nan Griffiths a Mr John Clifford Jones, yn y gwaith o dywys y llyfr drwy'r Wasg. Buont yn fanwl ofalus yn eu hymwneud â'r gyfrol, a mawr yw fy niolch iddynt. Mr Vyvyan Davies a oruchwyliodd y gwaith dylunio, a diolchaf iddo yntau am ei gymorth amyneddgar.

I'r Fonesig Enid Parry y mae fy niolch pennaf. Bu hi'n ddyfal yn casglu lluniau ynghyd ac yn siriol bob amser yn ei hymateb i'm hymholiadau. Bu Mr Gruffudd Parry yn hael ei gefnogaeth, a chefais groeso cynnes ar ei aelwyd ef a'i briod yn Llŷn. Yn yr un modd, rhaid i mi ddiolch i'r Dr John Gwilym Jones am y croeso a gefais ganddo yntau, ac am ei barodrwydd mawr i'm helpu.

Yng Ngharmel, bûm yn pwyso ar wybodaeth Mr W.J. Jarvis, perthynas i'm gŵr, sy'n hanesydd lleol brwd. Cefais gan Mrs Gwen Pritchard, perchennog presennol y Gwyndy, grugyn o bapurau yn ymwneud â hanes y tŷ a'r teulu, a phleser yw diolch iddi hithau am ei haelioni.

Tynnwyd nifer o luniau yn unswydd ar gyfer y llyfr gan Gwynn, fy ngŵr. Bu yntau'n frwdfrydig ei gefnogaeth a'i gynhorthwy. Fel y dengys y rhestr ffynonellau, yr wyf yn ddyledus hefyd i nifer o gyfeillion a sefydliadau eraill am roi benthyg defnyddiau i mi. Mawr ddiolch iddynt oll.

Y Fonesig Enid Parry, 1, 2, 4, 5, 48, 48b, 54, 55, 56, 56a, 57, 58, 59, 61, 66, 67, 68, 70, 71, 76, 79, 80, 81, 83, 84, 85, 86, 88, 89, 91, 92, 97, 98, 99, 100, 105, 106, 107, 108, 109, 110, 111, 112, 113, 116, 117, 119, 120, 122, 123, 124, 125, 126, 128, 129, 131, 133, 135, 140, 149b, 152, 153.
Mr Gruffudd Parry, 3, 11, 12, 17, 22, 26, 27, 33, 34, 35, 36, 40, 48a, 50, 51, 53, 60, 62, 63, 64, 65, 72, 74, 75, 95, 114, 118, 150, 151.
Dr John Gwilym Jones, 44, 45, 46, 47, 49, 73, 78, 87, 93, 94, 115a/b.
Mrs Gwen Pritchard, 7, 9, 16, 19, 23, 24, 37, 38, 39, 130.
Mr Gwynn Jarvis, 6, 15, 18, 30, 31, 32, 41, 156.
Mr Dafydd Glyn Jones, 8, 10, 20, 28, 43, 77, 82.
Mr W.J. Jarvis, 29, 42, 52.
Mr Tegwyn Jones, 136, 143, 144, 146, 147, 148.
Yr Athro Bedwyr Lewis Jones, 90, 101, 102, 104a/b.
Mrs Llinos Lloyd Jones, 96.
Mr William R. Lewis, 134.
Mr Roy Stephens, 149a.

Y *Cymro*, 132, 139.
Llyfrgell Genedlaethol Cymru, 121, 127, 137, 138, 141, 142.
Archifdy Gwynedd, 13, 14, 25.
Cwmni Teledu Granada –
(Ar fenthyg i Oriel Gelf Whitworth, Manceinion), 69.

Branwen Jarvis. Golygydd

Comisiynwyd gan Gymdeithas
Gelfyddydau Gogledd Cymru